目次

オスマンvs.ヨーロッパ

オスマンvs.ヨーロッパ

松之介に

プロローグ――「トルコ行進曲」の起源

「トルコ行進曲」とトルコ音楽

いったい人は、「トルコ行進曲」と聞いて、あるいは「トルコ行進曲」を聴いて、トルコという国を、あるいはその国の音楽を思い浮かべるものであろうか。

僕が思い起こすのは小学校の音楽室……

普段はあまりパッとしない男の子が一人ピアノに向かい、大勢の級友がそれを取り巻いていた。僕もその輪の中にいて、目を瞠《みは》って鍵盤と、そして彼の指の動きを追っている。そのとき彼が、曲名を言って弾き始めたのだったかどうか、半世紀を越えた歳月のかなたにあるそのときの状況は、もうすっかり霧の中なのだが、彼が弾いていたのがモーツァルトの「トルコ行進曲」（ピアノソナタ一一番イ長調第三楽章「トルコ風」）だったことは、躍るような（と少年の僕には見えた）彼の身体と指の動きとともに、僕の記憶にしっかりと留められている。

その音に感激してトルコ史研究を志した、というなら話はできすぎというものだが、惜しいかなそうしたことはまったくなく、またそれからトルコという国がみんなの話題になった、ということも、またついでに言えば、そのピアニスト君がそれ以後みんなに一目おかれるようになった、ということもなかったと思う。要するにピアノやモーツァルトは、(そしてその「トルコ行進曲」さえも)昭和三〇年代も末の子供たちにとっては、それほど遠い存在ではなかったけれど、一方トルコは本当に遠い国だった。

のちにベートーヴェンの「トルコ行進曲」を聴く機会も持ち、さらに思いがけずトルコの歴史を勉強する身にもなってみて、そしてそのあとで僕は本当のトルコの音楽を、それもオスマン朝の軍楽を聴くことになった。何を思ったかはおくとして、これだけ違うものを作りながら、なぜモーツァルトもベートーヴェンも「トルコ」の名を使ったのだろう、という疑問は、澱《おり》のように残った。

だが僕が専門に選んだのは近代史だったから、ほどなくオスマン帝国とヨーロッパ世界とのただならぬ関係も、少しずつ理解できるようになってきた。そしてそうした文脈の中で、「トルコ行進曲」の起源もまた、だんだんと見えてきたのだった。

簡単に言ってしまえば、やはりオスマン朝の軍楽が、強者への恐れ、憎悪、その一方での怖いもの見たさ、さらには異国趣味……さまざまな思いと一緒くたに、西洋世界に影響をおよぼしていたらしいのである(ちなみにこの軍楽は、オスマンの近衛歩兵であるイェニチェリが奏した音楽だったため、西洋では「イェニチェリ音楽」、すなわちJanissary MusicとかJanitscharenmusikなどと称されることが多かったようだ)。そして一八世紀の西洋には、「東洋的」な色彩や雰囲気を添えるものとして、「トルコ風」(alla Turca)が流行していたのだった。

では、その「トルコ風」の実態とは、一体どのようなものだったのだろうか。

オスマン軍楽の西洋への移入

一七二〇年代のはじめ、オスマン政府が平和外交を展開し、各国へ使節を派遣して西洋化への第一歩を踏み出していた時期に、スルタン、アフメット三世(一六七三〜一七三六)か

軍楽隊の行進
左から6本のトランペット，6対のシンバル，8つの円筒形太鼓。後方に3対の鍋形太鼓
(イスタンブル，トプカプ・サライ図書館蔵)

らポーランド王アウグスト二世に軍楽隊が贈られた。さらに一七二五年には、ロシア宮廷の使節がイスタンブルを訪れ、ポーランドへ贈られたのと同様の軍楽隊をもらい受けたと言われている。

これらの軍楽隊は、オーボエ属の大小の笛（zurna）、トランペット（boru）、鍋形太鼓（kös）、円筒形大太鼓（davul）、大型シンバル（zil）などで編成されており、演奏者もイスタンブルから派遣された、本格的なものだった。オーストリアもまた、世紀の中頃にはオスマン風軍楽隊を所有していたと考えられ、一七四一年には、この軍楽隊に先導された凱旋行進が、ウィーンで行なわれたことが知られている。

さらにこうした流行に遅れじと、プロイセンもまたオスマン式の軍楽隊を編成する。だがここでは、にわか仕込みの楽隊員がオスマン大使に嘲笑されるというハプニングが起こり、プロイセン側が、慌ててイスタンブルから本場の演奏家を雇い入れる、というエピソードが残されることになる。ともあれ、オスマン軍楽の流行はこうしてヨーロッパを覆い、世紀末にはイギリス軍楽隊の編成にもその影響が見られるようになった（ただし伝えられるところによれば、イギリスでは演奏者に黒人が使われていた）。そしてその影響はオーケストラの編成にまでおよび、現在はベースドラムと呼ばれている巨大な大太鼓が、「トルコドラム」（Turkish Drum, Türkisch Trommel）の名で登場するにいたったのである。

トルコ軍楽隊の演奏者を描いたペン画（ロンドン，大英博物館蔵）
左から小型の鍋形太鼓，シンバル，トライアングル，ズルナ，太鼓

「トルコ行進曲」の誕生

このように強いインパクトを与えたオスマン軍楽について、一八世紀後半の音楽家で詩人のクリスティアン・F・D・シューバルト（一七三九〜一七九一）は次のように書いている。

> これほど確固とした、すべてを圧倒するようなビートが要求される音楽はほかにない。各小節の最初のビートは、新しく勇壮に刻まれるため、歩調を乱すことは実質的に不可能である。（小柴はるみ訳）

このことから、当時ヨーロッパの人々が惹《ひ》かれていたものの正体が、勇壮なビートであったらしいことが判る。シンバルや大太鼓によって作り出されるこのビートこそ

ベートーヴェン「トルコ行進曲」のスコア

が、「トルコ風」としてヨーロッパの音楽に採り入れられたものの内実だったと思われるのである。

一一頁の図からも、そして軍楽演奏者として描かれている古いペン画（一三頁）からも理解できるように、大太鼓は胴の直径よりも深さの方が長く、そして本来は右手にばちを、左手には鞭のような（あるいは小枝のような）棒を持って太鼓の両面を打つものだった。こうした太鼓やシンバルがオーケストラの中に入って、曲の出だしから明確な、あるいは勇壮なリズムを刻むことが、西洋の聴衆には異国風――つまりトルコ風――の情緒を喚起するエキゾチックな要素とみなされたに違いないのである。かつてヨーロッパを震撼《しんかん》させたオスマン軍楽隊の「恐怖のビート」が、いまや最先端の音楽のための新奇なスパイスとして、好んで用いられるようになったわけである。

こうした「トルコ風」は、まず一八世紀中頃（つまりオスマン帝国からポーランドやロシアへ軍楽隊が贈られたしばらく後）、バイエルン生まれでボヘミア育ちのオペラ作曲家グルック（一七一四～一七八七）によって採用され、『思いがけないめぐり会い、またはメッカの巡礼』（一七六四年）の中に結実した。それはさらにハイドン（一七三二～一八〇九）に受け継がれた。ハイドンは、『ロクソラン』（第六三番、ちなみに「ロクソラン」は第一次ウィーン包囲を指揮したオスマン帝国のスルタン、スレイマン一世の愛妾の名である）、『軍隊』（第一〇〇番）といった交響曲にも、また『薬剤師』（一七六八年）、『思いがけないめぐり会い』（一七七五年）といったオペラにも「トルコ風」を採り入れたのであった。

当然、モーツァルト（一七五六～一七九一）もベートーヴェン（一七七〇～一八二七）も、そうした流れの中に登場するのである。前頁に掲げた譜例は、ベートーヴェンの「トルコ行進曲」の出だしの一部だが、ここからは、この祝典劇（「アテネの廃墟」）の舞台に、剣を抜いた「トルコ人」が「イェニチェリ音楽」とともに登場すること、そしてそれに合わせて楽譜の一番下に見えているシンバルと大太鼓が、最初は小さく（したがってまだ「勇壮」とは言えないが）間違いなくあのメロディーに合わせてリズムを刻むように塩梅《あんばい》されていることがわかるだろう。

西洋における軍楽の起源

「トルコ行進曲」がオスマン軍楽の影響、ことにその勇壮なビートの影響によって誕生したことがわかったが、それでは、西方世界には一八世紀まで軍楽隊はなかったのだろうか？そんなことはない。すでに古代エジプトをはじめとする東地中海世界にはそうしたものの存在が広く認められ、したがってローマには立派な軍楽隊が存在していた。そして、おそらくはその影響であろう、イスラム世界でも古くから軍楽隊が活躍していた。そしてそのイスラム教徒たちに倣《なら》って、中世後期にはヨーロッパにも軍楽隊が生まれたのだった（こう書いてきて気づいたのだが、こうした流れは、ギリシア科学の起源とその伝わり方とをなぞっているようで非常に興味深い）。

さて、中世後期になって誕生した（あるいはローマを中世ヨーロッパの直接の祖先と見るなら「復活した」）軍楽隊は、ラテン語でカラムスと呼ばれる、リードを持つすべての楽器の先祖である笛に、トランペット、太鼓、さらにバグパイプなどを持っていたと思われる。これが馬上試合で演奏を行なったり、あるいは十字軍の遠征に随行したりしたのだった。だがのちにはこうした楽隊は、単に王室とその関連行事のための演奏だけを行なうものとなって、軍楽隊としての機能はしだいに縮小していったらしい。

近代的な意味での軍楽隊の始まりは、一七世紀に見られるという。三十年戦争末期の一六四六年、ドイツのブランデンブルク近衛竜騎兵隊で、カラムスとダルシアン（ファゴット）からなる楽隊が生まれ、フランスでも一六六三年に、従来は小型の横笛だけを奏していた近衛銃兵隊が、オーボエと太鼓を採用したという。こうした軍楽隊の成立に、オスマン軍楽がどれほど影響していたのか、今のところ断定的な物言いをすることはできないのだが、その後の状況から考えても、またそれまでのオスマン帝国とヨーロッパ世界との関係を考えても、それが何らかのインスピレーションを与えていたという推測が、真実からそう遠くはへだたっていないと言うことはできるだろう。

最強の帝国オスマン

　さてそのオスマン帝国は、一三世紀の末にアナトリアの西北部で呱々《ここ》の声を上げて以来、基本的にその拡張の方向を西方へ定めてきた。したがって、一四世紀半ばには早くも「トルコの脅威」がヨーロッパ世界で語られ、ローマ教皇によって十字軍の結成が呼びかけられてもいた。だが、オスマン軍はほとんど不敗だった。

　オスマン軍の来襲を知らせる教会の鐘は「トルコの鐘」(Türken Glocken)と呼ばれて忌まわしいものの代表と見なされ、各国語の中で「トルコ人」という言葉は「力が強く乱暴で冷酷な奴」を意味するようにもなった。さらに強者への劣等意識は、縁日などでパンチ力を測る「殴られ人形」にトルコ人の恰好をさせ、その遊びを「トルコ人の頭」(tête de Turc)と名づけることで発散されもした。

　だが強者は、ただ「力が強く乱暴」だから強かったわけではあるまい。アジアとヨーロッパ、そして北アフリカにまたがる大国が短時日で築かれ、さらにそれが数百年にわたって維持されたことには、それなりの理由が存在したはずである。

　たとえば、ヨーロッパが「トルコの脅威」と力説するオスマン帝国は、決して「トルコ人の国家」だったわけではない。また「イスラムの脅威」に対する十字軍が何度も組織されたが、もともとオスマン帝国は宗教の違いをあまり気にしない国だった。強者が強者であった秘密は、実はそのあたりにあったのではあるまいか。

多宗教多言語の共生

まずオスマン帝国を支えていた人々は、軍人も官僚もすべて、「民族的」出自は実に多様な——トルコ人、ギリシア人、アラブ人、セルビア人、クルド人、ブルガリア人、アルバニア人、アルメニア人などなどの——「オスマン人」であった。そして、——とくに一六世紀あたりまでは——帝国の発展を支える軍人の中には多くのキリスト教徒が、キリスト教徒のままで存在していた。場合によって彼らは、周囲のイスラム教徒トルコ人の戦友との親和性を高めるために、改宗ではなく改名をすることさえあった。つまり、たとえば「ティムルタシュ」といったような、イスラム化以前からの伝統的なトルコ人の名を名乗るキリスト教徒の騎士が、オスマン軍の中にはいたのである。

そしてオスマン支配下の社会では、イスラム教徒とキリスト教徒の共生が、当然のこととして実現されていた。よく知られているように、イスラム教徒は「いつかはメッカへ」と考えていて、したがって聖地への巡礼を果たした者には、貧富の差にかかわらず「ハジュ」という称号が与えられ、敬意が払われた。しかしたとえば、ブルガリアで彼らと共生していたキリスト教徒で、イェルサレムへの巡礼を果たした者もやはり「ハジュ」と呼ばれて、イスラム教徒からも一目おかれていたのである。

そうした共生を当然のこととして受け入れていた社会に、ときとして西方から十字軍がやってきた。カトリック以外を認めない彼らは、イスラム支配に甘んじ、異教徒と共生するギリシア正教徒にも暴虐を働く。したがって十字軍は、バルカンの正教徒に必ずしも歓迎されていたわけではなかった。また一八世紀に入ってオスマン支配から切り離され、ヴェネツィアの支配下に入ったギリシア南部の正教徒たちは、ヴェネツィアによるカトリック化政策を嫌って、オスマン支配の復活をイスタンブル政府に働きかけていた。

こうして見ると、十字軍とはある意味で、宗教や宗派の違いを理由にひとを差別する伝統を持った社会が、隣接する異教徒の大国に自己の姿を投影させた結果生み出されたものだったと言えるのかも知れない。

「トルコの脅威」の痕跡

そしてさらに、コンスタンティノープルを征服したオスマン帝国は、自らを「復興されたローマ帝国」と自覚してもいた。以後一世紀にわたってこの国の支配者は、真の意味での普遍国家を実現すべく、ヨーロッパ世界の奥深く進んでゆこうとしたのである。したがって、この時期におけるヨーロッパの政治にとってオスマン帝国の存在は、外交と内政とを問わ

ヤン・マテイコ『ソビエスキ，ウィーンを解放する』
（ヴァティカン美術館蔵）

ず、決定的に重要だったと言うことができるだろう。実際ハンガリーや、ときにポーランドの王位継承にも、オスマンの同意が必要とされたのである。

このようにして、宗教や民族の違いにこだわらない、一種の包容力を武器に、普遍国家をめざして発展を続けたオスマン帝国だが、一七世紀に入るとその軍隊は、徐々に発展を始めたキリスト教諸国軍との間に一進一退を余儀なくされる。そして一六八三年、オスマン軍はウィーン城下で決定的とも言える敗北を喫し、ヨーロッパは大きな解放感を味わうのである。ウィーン救援に駆けつけ、カーレンベルクの丘から駆け下ってオスマン軍を蹴散らしたポーランド王ソビエスキを記念して、ウィーン北郊のカーレンベルクの教会では、今でも九月のその日にはポーランド語でミサが上げられるのだという。

また、ローマのヴァティカン美術館には「ラファエロの間」の隣に「ソビエスキの間」があって、その部屋の北側の壁全面に、他の部屋の暗くて敬虔《けいけん》な雰囲気から全く浮き上がった戦争画（前頁）が飾られている。オスマン軍による第二次ウィーン包囲の失敗が、西洋キリスト教世界の中で持っていた意味の大きさを、この「ソビエスキ、ウィーンを解放する」と題された絵と、この絵の周囲とのバランスの悪さ、あるいは美術館におけるこの絵の登場の唐突さとが、雄弁に物語っている。

以後、ヨーロッパの各地でコーヒーハウスが繁盛し、東方起源のこの不思議な飲み物がもてはやされる。またタイルや絨毯《じゅうたん》、ソファーなどの、いわゆる「トルコ趣味」が流行してゆくことにもなる。こう見てくれば、一八世紀におけるオスマン軍楽の導入も、もはや牙を失って危険ではなくなったかつての脅威を愛玩《あいがん》し、楽しもうという、ヨーロッパの屈折した嗜好の表われであったことがわかるであろう。

西洋への影響のあとをたどる

だが牙が健在で、ヨーロッパを圧倒していた頃のオスマン帝国が、ヨーロッパに少なからぬ影響を与えていたことも、ほぼ疑いのないところである。ヨーロッパはそれを否定し、あるいは無視しようとするだろうが、しかし実のところその影響は、ヨーロッパの自己形成にとってほとんど決定的とも言えるものだったに違いない。

さらに、オスマンの発展の有り様を垣間見たものには、いまひとつの新たな疑問が浮かんでくるだろう。つまりオスマンの影響は、「トルコの脅威」として語られる、単にネガティヴなもののみに留まったのであろうか、ということである。

オスマン帝国が「真のローマ」としてヨーロッパ世界と向き合ったとき、ヨーロッパは宗教戦争に揺れ動いていた。宗派の違いを原因とする殺戮《さつりく》を繰り返していたヨーロッパに、多宗教多言語の共生を実現していたオスマン帝国のシステムは、単なる「脅威」としか映らなかったのであろうか。

本書では、こうした疑問を出発点として、興隆期におけるオスマン帝国とヨーロッパとの関わりを中心に、西洋世界と「トルコ」との関係を、広く展望してゆくことにしたい。なぜなら、トルコ系の人々は、オスマン帝国を興《おこ》すずっと以前から西方世界と深く関わり、その歴史の趨勢《すうせい》を決定する重大な要因となっていたと思われるからである。

なるほどそこに現われる遊牧民は「蛮族《ばんぞく》」であるかも知れない。だがその「蛮族」は、意外な柔軟性を持っていて、宗教に縛られたヨーロッパ世界とはまったく異なる国家形成、社会編成を実現していたように思われるのである。そこに見られる柔軟性は、しばしば「イスラムの寛容」として語られる内容を、ほとんど先取りしているようにさえ見える。

そこで本書ではまず、オスマン帝国以前の（主として）トルコ系遊牧民の歴史を、西方世界との関わりの中でたどることから始め、次いでオスマン帝国史の展開を、西洋キリスト教世界との関係を中心に、見てゆくことにしたいと思う。

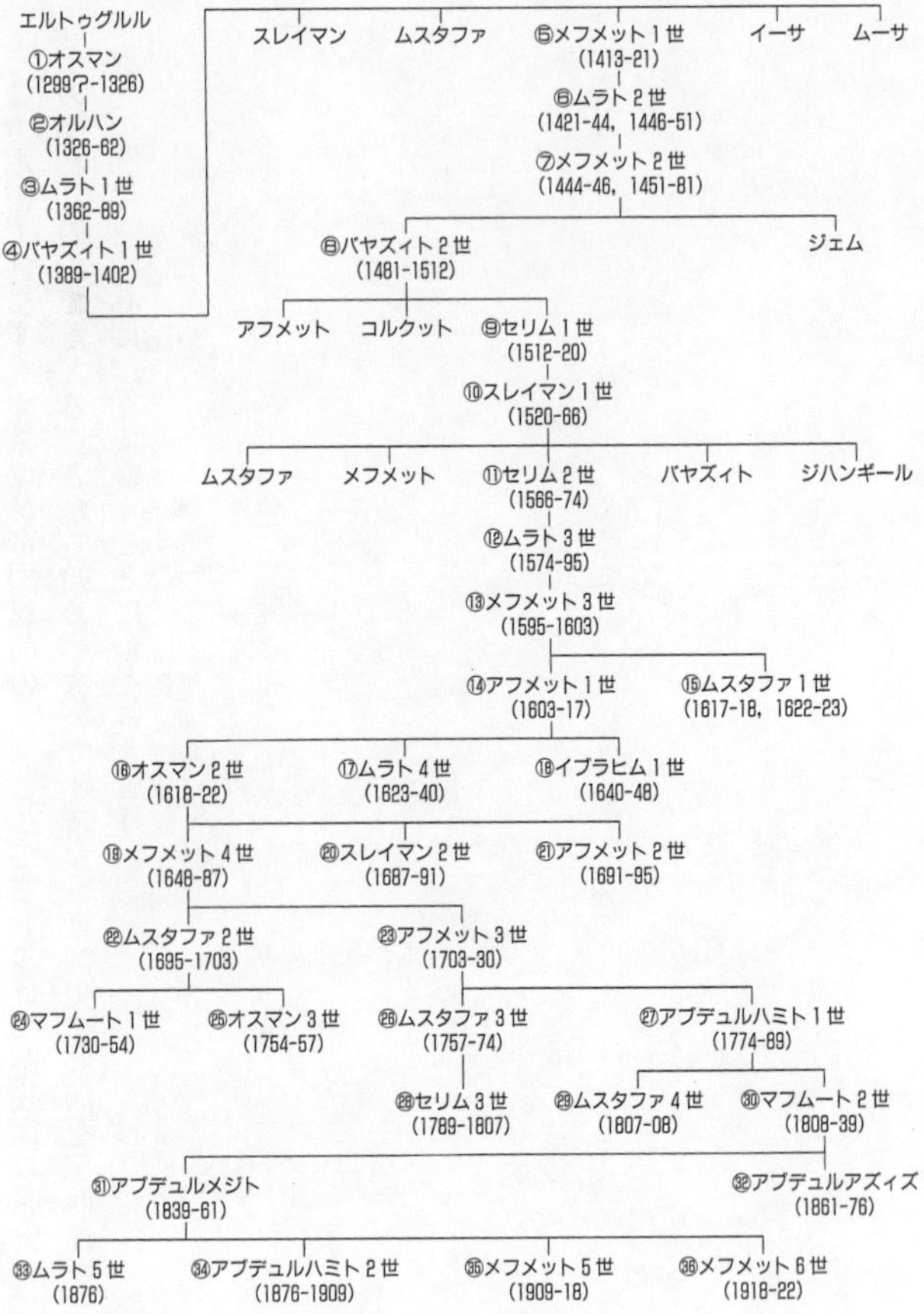

オスマン朝略系図（カッコ内は在位年）

第一章　オスマン帝国の起源

1　ユーラシア草原を西へ——トルコ系遊牧民の西漸

「トルコ」の起源

「トルコ」と聞けば、現在はまずアナトリアにあるトルコ共和国を思い起こすのがふつうだろう。だが実はこのトルコ共和国は、広大なユーラシアの草原を連綿と西進していったトルコ系遊牧民の長い歴史の、最新の一齣《こま》として存在しているにすぎない。「トルコ」は、空間的にも時間的にも、気の遠くなるような広がりを持っているのである。

「トルコ」の起源を探し求めて歴史を溯《さかのぼ》ると、僕たちは実に紀元前三世紀末の、匈奴《きょうど》の世界にまでたどり着く。冒頓単于《ぼくとつぜんう》に率いられて中国（漢）を圧倒した、あの匈奴である。匈奴の支配者が「トルコ」であるとまで言うことはできないが、ここでは、その冒頓が、バイカル湖の南からアルタイ山脈の北麓にいた丁零《ていれい》（あるいは丁霊、または丁令）を討ち、これを服属させたことに注目しなければならない。なぜなら、「トルコ」の系譜が、どうやらここ

パズィルィク出土の高輪の車
（『東西文明の交流１　漢とローマ』平凡社）

へ行き着くと考えられるからである。

『漢書』の記述から、丁零が一人の王に統率され、相当数の家畜を所有した遊牧の民であったことがわかっている。そしてその後丁零は、匈奴の南北分裂（紀元一世紀中葉）を機に南下を始める。その彼らを中国の人々は「高車《こうしゃ》」（高輪の車に乗る人）と呼んだ。『魏書《ぎしょ》』に、

高車は、古代の赤狄《せきてき》の余類であると思われる。もともと狄歴《てきれき》と称していた。北方ではこれを敕勒《ちょくろく》といい、中国では高車丁零と呼ぶ。（護雅夫訳）

と記されている由である。そして狄歴も敕勒も、「トルコ」（Türk）のもとの形であるTürük を漢字に写したものと考えられるから、「トルコ」の起源は、紀元前三世紀に丁零と呼ばれた人々にまで溯ることになるのである。

なお、東部アルタイ地方のパズィルィク河谷で発掘された、（紀元前五世紀から同三世紀にかけて活躍した）遊牧民の古墳群の中から、右図のような高輪の車が出土している。時代

的には大きくへだたるが、「高車丁零」の用いた車も、これに類した物だったと推測できるであろう。

「トルコ」の広がり

では、紀元前三世紀にバイカル湖畔にいた丁零が「トルコ」の祖先で、そしてその場所が彼らの原住地であったのか――。とりあえずそのように考えることもできるが、しかし必ずしもそうとは限らないかもしれない。なぜなら、歴史文献に顔を出したのがたまたま彼らだったというだけで、彼らの仲間は、すでにウラル山脈以東の広大な領域に散居していたと考えられるかもしれないからである。

これに関しては、隋《ずい》の時代（五八一～六一八）の「トルコ」について、『隋書』が興味深い記述を残している。護雅夫の解説によると、当時は鉄勒《てつろく》――これもおそらくTürükの音訳――と総称された彼らは西海（黒海？）の東から高地や渓谷に拠《よ》り、各地に絶えることなく住んでいた。そしてさらに、彼らは次のような七つのグループに分類され認識されていたのである。

①北モンゴル高原、トラ川の北にいる集団。
②東部天山山脈に沿って住む集団。
③アルタイ山脈西南麓、ジュンガリアに拠る集団。

レナ川
イェニセイ川
アンガラ川
バイカル湖
アムール川
（黒龍江）
大興安嶺
トラ川
ケルレン川
アルタイ山脈
北モンゴリア
万里の長城（概略）
ジュンガリア
天山山脈
ゴビ砂漠
タリム川
敦煌
タリム盆地
黄河
洛陽
チベット
長安
長江
ヒマラヤ山脈
太平洋
ガンジス川
ベンガル湾

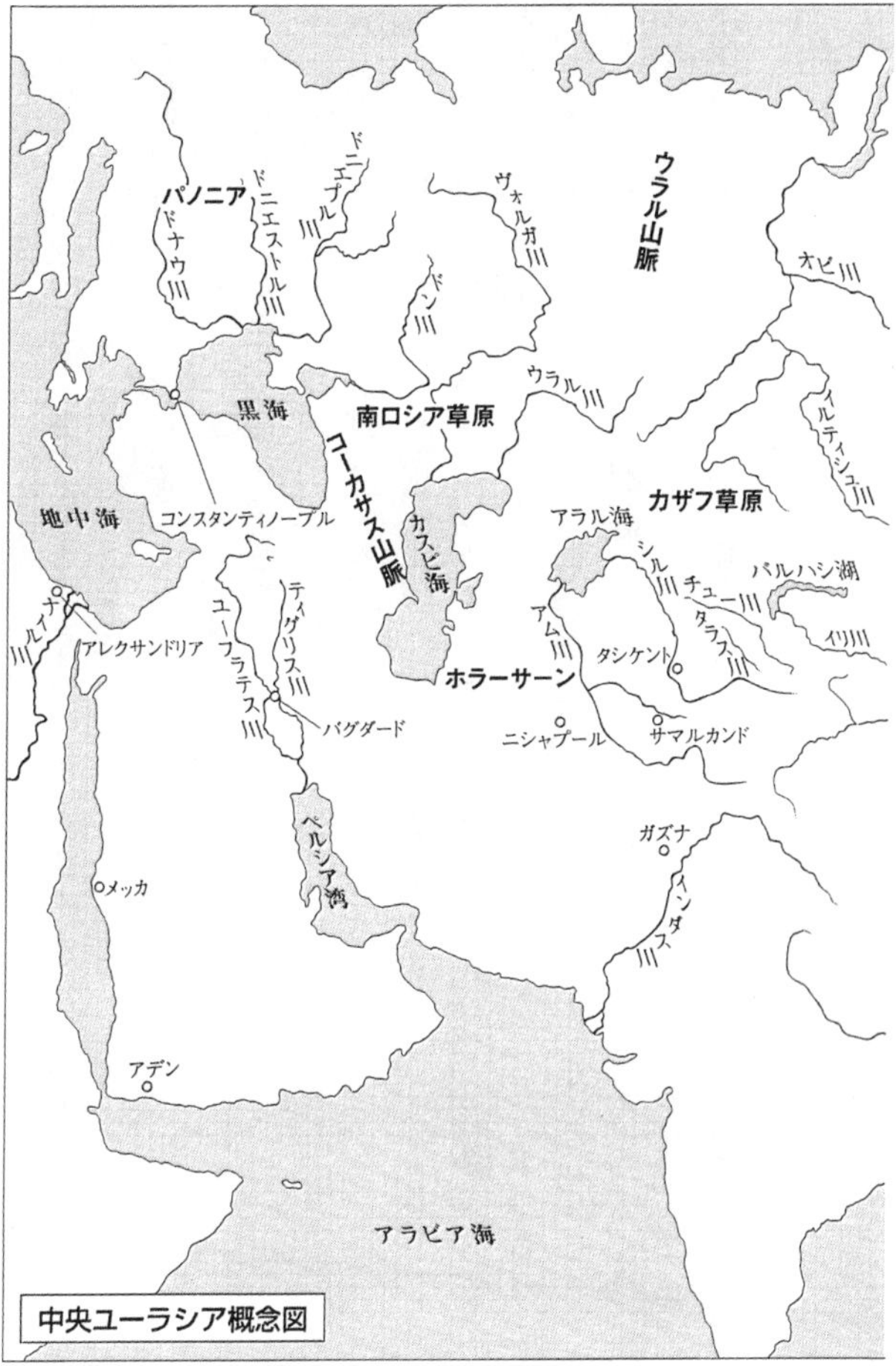

パノニア
ドナウ川
ドニエストル川
ドニエプル川
ヴォルガ川
ドン川
ウラル山脈
オビ川
ウラル川
イルティシュ川
黒海
南ロシア草原
コーカサス山脈
カザフ草原
地中海
コンスタンティノープル
カスピ海
アラル海
シル川
チュー川
バルハシ湖
タラス川
イリ川
アム川
タシケント
ナイル川
アレクサンドリア
ユーフラテス川
ティグリス川
ホラーサーン
バグダード
ニシャプール
サマルカンド
ガズナ
ペルシア湾
インダス川
メッカ
アデン
アラビア海

中央ユーラシア概念図

④康国（ソグディアナ、特にサマルカンド）の北、阿得水（ヴォルガ川？ シル川？ イルティシュ川？）沿いに遊牧する集団。
⑤得嶷海（アラル海？）の東西に広がる集団。
⑥拂菻（ローマ東方領、東ローマ）の東方にいる集団。
⑦北海（バイカル湖）の南方に住む集団。

これもおそらく、トルコ系の人々が時代とともに各地へ広がっていった結果と考えられるが、むしろ時代とともに中国人の対外認識が広がった結果と考えることもできるであろう。ただしその場合でも、同じ草原地帯と言っても、たとえば西方ではイラン系が優勢で、東方へ移るにつれトルコ系やモンゴル系が多くなるといった、いわば密度の差は存在したと思われるから、「起源」を考えるのなら、先にあげた七つのグループの中でも、比較的東方にいるグループの住地が、「トルコ」の「原住地」に近いと言うことはできるかもしれない。

そして、その広大な草原地帯に住む、（おそらくはトルコ系にモンゴル系やトゥングース系なども入り交じった）種々の部族集団の中から、たとえば匈奴と称する部族が覇を唱《とな》えて諸部族を従え、その結果、その部族連合国家自体を表わす名も「匈奴」になったのだと考えられる。彼らは草原地帯だけではなく、周辺のオアシスに住む定住民をも支配し、その経済力と、さらに中国からの貢納とに支えられて強大化したのであった。

同様に、六世紀の中頃、アルタイ山脈西南麓に住む（『隋書』の記述では③に当たる）トルコ系の人々が「突厥《とっけつ》」を名乗る部族連合国家を建てた。その中には、やはりトルコ系を中心にモンゴル系やトゥングース系、あるいはイラン系などの、さまざまな部族が糾合《きゅうごう》されたのだと考えられる。

突厥の興隆と東西交易

五五二年、突厥国家が成立する。すでにその七年前に突厥は、同じ遊牧民出身ながら華北に入って「中華」王朝を建てていた拓跋《たくばつ》集団の西魏《せいぎ》と通交し、中国王朝との間の貿易関係を樹立していた。そして東西間の中継貿易と、その中枢といえる絹市場とを押さえることで、突厥は他部族を経済的にも圧倒して、遊牧部族連合国家の中核的支配部族にのし上がったのである。

そして彼らが押さえた交易ルートは、早くもヘロドトスの時代——つまり紀元前五世紀——にその存在を知られていた、いわゆるステップ・ルートであった。突厥はこのルートを支配し、またソグド商人と手を結ぶことで大いに潤《うるお》い、東は大興安嶺《だいこうあんれい》から西はカスピ海におよぶ、広大な領域を支配するにいたるのである。

オアシス地帯の支配とそこからの貢納によって支えられると同時に、東西交易の重要性をも理解していた突厥は、ソグド人の要請を容れる形で、ササン朝ペルシアへ使節を送った。中国から手に入れた絹をペルシア領内へ運び、さらにそこで自由に取り引きする権利を得るためだった。だがササン朝こそが、陸海両ルートを押さえて、当時東西貿易で最大の利を上げていた勢力だった。したがって、二度にわたる突厥の遣使は実を結ぶことがなかった。

しかし突厥はステップ・ルートを押さえている。そこで彼らはササン朝の領土を避け、カザフ草原から南ロシア草原を経て黒海に出、そこから直接、東西貿易の西の玄関口であるコンスタンティノープルへ使節を送った。五六八年のことである。皇帝ユスティヌス二世はこの遠来の客人を歓迎し、彼らの本拠である天山山脈中のユルドゥズ渓谷にまで答礼使節を送った。以後両者の間にはたびたび使節の往来があり、コンスタンティノープルにそのまま滞在した突厥人の数も、一〇〇を超えたという。

だが急速に拡大した部族連合は、また急速に瓦解《がかい》し、突厥は六八〇年代の中興をはさんで、七四四年には同じトルコ系のウイグルに滅ぼされる。そしてそのウイグル国家も、およそ一〇〇年後の八四〇年に崩壊し、その残党が西に走って、やがてトルコ族のイスラム受容という ドラマが起こるのであった。——一般にもよく知られるようになった遊牧トルコ史の展開である。

しかし実を言えば遊牧民たちは、ステップ・ルートを通じて、それ以前から連綿と西漸《せいぜん》を続けていたのである。

匈奴の西走とフン族の登場

紀元前一世紀の中頃、匈奴は東西に分裂した。東の呼韓邪単于《こかんやぜんう》は漢の宣帝《せんてい》と結んで西匈奴を滅ぼし、漢から王昭君《おうしょうくん》を娶《めと》って両国間の小康状態を保った。だが紀元四八年、匈奴は再度、今回は南北に分裂し、北匈奴は一世紀の末に後漢の軍に本拠を衝《つ》かれて敗走した。そして彼らは、故地であるモンゴリア、アルタイ地方を去って、天山地方のイリ川流域へ移った。ここを本拠に、ジュンガリア方面へも勢力を伸ばしていった彼らは、しかし二世紀中頃には南モンゴリアの勢力に押されて、さらにカザフ草原へと去ることになる。そしてそれとともに、彼らの動きは中国人の認識の埒外《らちがい》へ出てしまう。それ以降、またそれ以西の彼らの活動について、中国史料は黙して語らないのである。

しかしいずれにせよ、人種的にはモンゴロイド（黄色）人種であった匈奴集団は、西方へ移動するにつれコーカソイド（白色）人種との混血が進んでいったと考えられている。また、大国家を築き上げた匈奴の名は、草原の人々の記憶に長く留まり、以後中央ユーラシアに出現した多くの遊牧国家が、自ら匈奴（Hsiung-nu　ヒュンヌ）を名乗ることでその出自を誇り、また支配を正当化しようともした。さらに考古資料は、四世紀から五世紀にかけて、天山地方からドナウ川流域にいたる広汎な草原地帯に共通する遺物の存在を、示唆《しさ》しているようでもある。

そして四世紀の中頃、――匈奴《ヒュンヌ》とのつながりは実証できないが――今度は西方の人々の認識の中に、モンゴロイドを基本にコーカソイドと混血した騎馬遊牧民が登場することにな

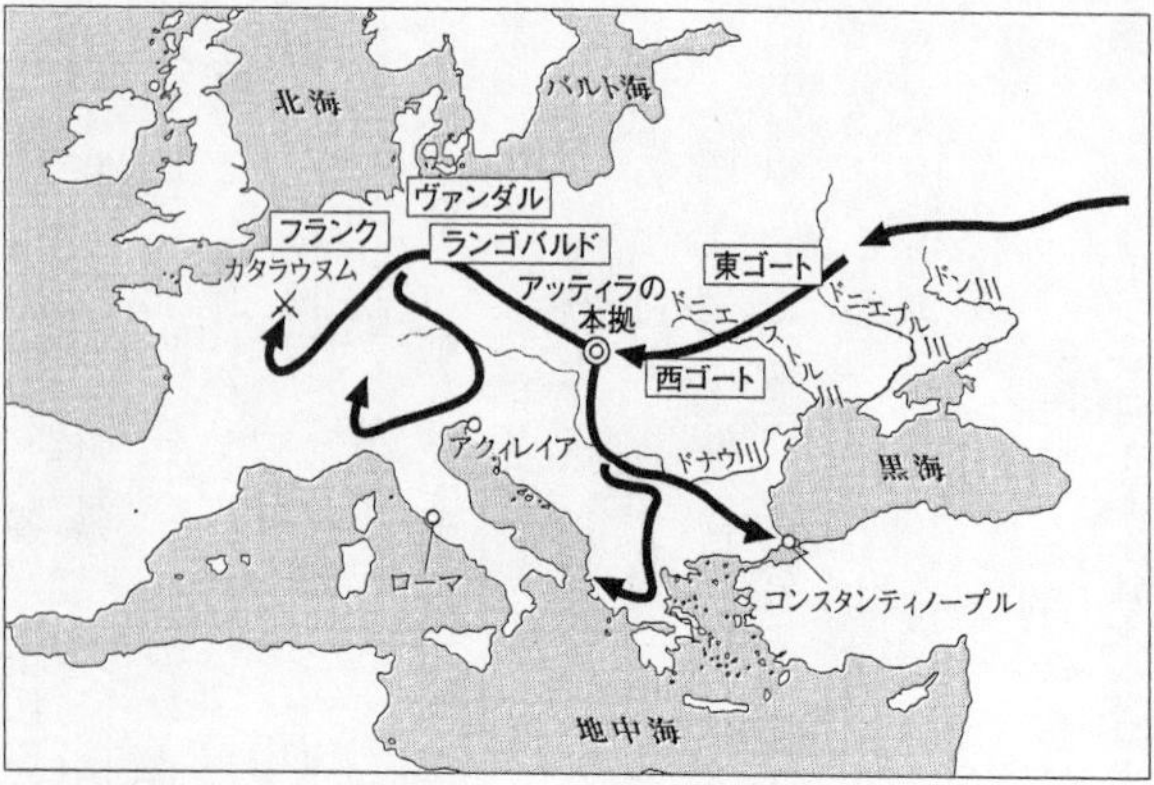

フン族のヨーロッパ侵入

る。フンである。

　フンはまず四世紀の中頃すぎ、ドン川から北部コーカサス、カスピ海・アラル海北方にいたる広大な領域に散居していたイラン系遊牧民アランを襲った。彼らはカスピ海以東のアランを撃破してウラル・ヴォルガ両川流域へ移動し、さらにドン川地方のアラン人地域にも侵入していった。こうしてフンは、三七四年までにはアランを打倒し、その多くを引き連れて、ドニエストル川とドン川との中間地帯にいたゲルマンの東ゴート王国に襲いかかったのである。翌年、たまりかねた東ゴートがフンの支配下に入ると、ゴート人の多くはフンに服属し、一部は西ゴートの領域であったパノニア（ハンガリー）へ逃れた。フンの攻撃がさらに西ゴートにも迫ると、三七六年、その首長はローマの許可を得てダヌビウス（ドナウ）川を渡ってブルガリア地方へ入る。

「ゲルマン民族大移動」が、こうして始まった。

以後、フンの圧力を背後に感じながら、ゲルマン諸部族はローマ帝国領内の各地を移動し、掠奪《りゃくだつ》を行なったのちに自分たちの王国を作ってゆく。

一方フンは、五世紀初頭まではローマに対して直接攻撃を仕掛けていない。ローマの傭兵《ようへい》になるフンもおり、また一方で、南ロシア草原からパノニアへ向かって新たに西進してくるフンもいた。

四二六年、東ローマ皇帝テオドシウス二世は、当時フンの中でもっとも有力だった族長ルアに対して、貢納する約束をする。しかしルアは、四三二年に他の族長を押さえて単独の支配者となると、ローマに対してその増額を要求する。この要求に対する交渉を行なうため、皇帝の使者がフンの土地に到着すると、ルアはすでに死去し、その二人の甥ブレダとアッティラとが、フンの王国を共同で統治していた。

アッティラのフン王国と異邦人たち

四四五年、ブレダも死んで、アッティラがただ一人の王となった。二年後の四四七年にアッティラは、東ローマ（ビザンツ）への遠征軍を起こす。その軍が北ギリシアやダーダネルス海峡近辺にまで迫ると、ビザンツ側は交渉の結果、領土の割譲や貢納の増額などを呑んで、ようやく講和にこぎ着けた。そして、その交渉にたずさわった歴史家プリスコスの筆によって、アッティラの王国の様子が後世に伝わることになった。

それによると、ビザンツの使節団は、フン人の通訳やコンスタンティノープルに来ていたフンの使節をともなって出発。途中フン族住民のもてなしを受けながら、サルディカ（ソフィア）、ナイスス（ニシュ）を過ぎ、ドナウ川を渡って、当時パノニアの一角にあったアッティラの宮殿へとおもむいた。木造の宮殿には所々に高い塔があり、床には絨毯が敷き詰められていた。

酒宴に際しては、フン人が主君（アッティラ）の武勇と功業とを賞賛する自作の即興詩を朗唱した。それは、遊牧民の持っている口承詩の伝統が現われた一齣であろうが、護雅夫はここに、のちの突厥碑文、ことにビルゲ・カガン、キョル・ティギン紀功碑文の韻文的性格の、原初的形態を見いだしている。

さらにプリスコスは、アッティラの軍営内で、富裕なフン人の身なりをした男にギリシア語で挨拶をされた。それはフン軍に捕らえられ、奴隷とされたのち戦功によって解放され、厚遇を受けるにいたった旧ビザンツ軍人だった。そして事実、王国内には、多くのローマ人、ギリシア人が仕えていたのだった。そのうちでも特に、石工、大工などの技術者、医師が尊重され、あるいは尊敬を受けていた。さらにフン人は、キリスト教宣教師の活動まで許していた。

ローマから見てフンが「蛮族」であったことは動かしがたいが、その「蛮族」は、「先進文明」を採り入れることに躊躇《ちゅうちょ》をしなかったのである。フンの中でラテン語を解する者が多かったと、プリスコスは記録してもいる。ローマ人、ギリシア人を利用しようとするこうした状況を、護は、一三世紀のウィリアム・ルブルクの描き出したモンゴル帝国内の様子と比較し、北方ユーラシア大陸における遊牧騎馬民族が、多くの面で共通した性格をもっていたと述べているが、匈奴や突厥においても、事情は同じだった。

遊牧国家内の定住民

匈奴国家内に多くの漢人が存在したことはよく知られている。宮殿を与えられ王を称した李陵《りりょう》や衛律《えいりつ》は、そのもっとも名高い例であろう。彼らは中国（漢）との交渉だけではなく、征服地の支配・統治に欠くことのできない存在であったし、交易や隊商からの徴税実務にも、彼らの経験が生かされていたはずである。そして彼らは匈奴領内に城塞を築いて定住生活を営んでいた。

さらに匈奴領内では、拉致《らち》されてきた人々が農耕に従事していた。それだけではなく、漢土における貧しい生活に耐えかねた農民や奴婢《ぬひ》が、自ら進んで匈奴領内へ逃げ込むこともあった。長城には匈奴の来襲を防ぐ意味だけではなく、実は中国本土からの彼らの逃亡を防ぐ意味もあったのである。匈奴国家は、遊牧民の軍事力に、これら定住民の労働や技術が加わって保たれていたのであった。

ことは突厥においても同様である。突厥国家の中枢では、漢人と並んで、いや漢人以上に、ソグド人が重要な役割を果たしていた。ソグド人は、一方で通商活動に従事して突厥に富をもたらしたが、他方彼らは突厥国家の枢機《すうき》にも関わり、その国家を文字通り支えていたのである。ウイグルにおいても状況は変わらず、漢人とソグド人との影響によって、彼らの時代にはモンゴル高原に都市（富貴城）が出現するにいたる。

プリスコスの伝えるフン王国内のギリシア人やローマ人のありようは、まさにこうした遊牧国家における定住民の役割そのものであったと言うことができるだろう。ことにフンは、ゲルマンやスラヴの住地に侵入して広大な領土を築いていた。フンの王国は、彼らの直轄地と、その宗主権を認め、広範な自治を与えられた諸族の住地とからなっていたと思われる。したがってフンは、王国の中心地パノニアにおいてさえも、数的には少数派だったのである。そうした彼らが、「先進地帯」の住人を統治に利用することは、必然であっただろう。

アッティラの西ローマ攻撃とフン王国の瓦解

アッティラ侵攻時に西ローマ皇帝の寵臣《ちょうしん》だった将軍アエティウスは、若い頃に人質としてフン王国内に暮らした経験があり、したがってフン人有力者の中に多くの知己《ちき》を持っていた。そのためもあって、西ローマとフン王国とは友好的な関係を続けていた。ゲルマン諸族との戦いのために、アッティラは三度、ローマに傭兵を提供してさえいた。

　だがゲルマン諸族とローマとの対立にフンが巻き込まれることで、両者の友好関係は終局を迎える。北アフリカのヴァンダルが、西ゴートと手を組んだローマの攻撃に直面してアッティラに援助を求め、また兄弟間で王位を争っていたフランク王国からも、アッティラのもとへ支援の要請が来たのである。こうして四五一年夏、ヴァンダル、東ゴートなどのゲルマン諸軍とフンとの混成軍を率いたアッティラと、西ローマ、西ゴート連合軍とがシャンパーニュ地方のカタラウヌムで大会戦を行なうにいたった（この戦いが「ヨーロッパ」対「アジア」の一大決戦だったわけではないことは、それ以前のアッティラと西ローマとの関係を考えても明らかであろう）。西ゴート軍の奮戦に、一敗地にまみれてパノニアへ引き上げたアッティラは、しかし翌年、再び遠征軍を起こし、今度はイタリアへ向かった。

　ゲルマンの本拠とも言えるガリアの地でゲルマン軍に敗れたアッティラは、今回は直接ローマの本拠を衝くことを狙ったのである。狙い通り、ゲルマン諸族はローマ救援に動かなかった。九〇〇年ののち、オスマン軍のバルカン進撃に際して、多くのキリスト教勢力がオスマン軍に属すのと同様、フンのヨーロッパ侵入に対して、ローマとゲルマン、すなわち「ヨーロッパ勢力」、あるいはキリスト教勢力が一致してこれに対抗した、ということはない。彼らも常に自らの利害を測って、いずれに付くか（あるいは静観するか）を判断していたのだった。

ラファエロ『大教皇レオとアッティラとの会見』(ヴァティカン美術館蔵)

ともあれ、アドリア海に臨む北イタリア有数の豊かな都市アクィレイアを落としたアッティラは、勢いをかってさらにパタヴィウム(パドヴァ)、メディオラヌム(ミラノ)を攻略していった。このとき、アッティラの軍を恐れてアドリア海岸の島々や沼沢地に逃れた人々によって、のちのヴェネツィアの基礎が築かれることになる。

さてローマをうかがって南下する気配を示すアッティラ軍に対し、英雄アエティウスを含む西ローマ政府はまったく無力だった。やむなくローマ側は、交渉によってローマの町を守るべく、使節団をアッティラのもとへ派遣する。そして、伝えられるところによれば、ローマ教皇レオ一世の説得によって、アッティラはローマ寇掠《こうりゃく》を断念して軍を返したのであった。このときの様子を描いたのが、やはりヴァティカン美術館に飾られている、ラファエロの「大教皇レオとアッティラとの会見」である。

パンノニアへ帰ったアッティラは、翌四五三年初頭に急逝《きゅうせい》した。彼は、中央ユーラシアの騎馬遊牧民に共通する儀礼に則《のっと》って埋葬された。人々は馬に乗り、アッティラの遺体を納めた天幕の周りを回りながら、顔面に切り傷をつけたと伝えられている。突厥においても同様に、死者を安置した天幕の周りを親族が馬に乗って七度回り、刀で顔を傷つけて泣くという慣習があったことが伝えられている。いずれにせよ、アッティラが死ぬとフン王国は急速に瓦解する。彼の息子たちはそれぞれに自立を目指し、アッティラの力に服していた諸部族も、次々と離反していったからである。こうしてフンによる部族連合国家は崩壊し、その領土にはゲルマン諸族が割拠《かっきょ》、フンはしだいに彼らと混血し、その中に吸収されていったと思われる。

西方世界の歴史の舞台でおよそ一世紀間活動し、そして跡形もなく消えていったフンであったが、彼らの登場によってゲルマン諸族の大移動が始まり、そしてそれは西ローマを滅亡させ、西洋の歴史を大きく展開させていった。アッティラを「トルコ」と確定することはもちろんできないが、中央ユーラシアに広く散居するトルコ系の遊牧諸部族をも併《あわ》せながら、フン王国が作られたことは動かしがたいであろう。そして、フン以降も、彼ら遊牧諸部族は陸続と西方世界に侵入を続けるのである。

遊牧民の西方世界への侵入

五世紀には、トルコ系のブルガールがビザンツ（東ローマ）人の視野に入っていた。元々フンの西進とともに歴史の舞台に登場したブルガールは、五世紀の末には二度にわたってビザンツに攻撃を仕掛け、六世紀中頃にはユスティニアヌス一世治下のコンスタンティノープルをすら攻囲していた。一方でブルガール人は、傭兵となったり、あるいはその王が洗礼を受けるためにコンスタンティノープルを訪れたりと、ビザンツに対しては和戦両様の構えを示していた。そして七世紀の後半になると、彼らはビザンツ領内への居住を認められ、皇帝から実質的にその「国家」を承認されるにいたる。そうしてその国家は、のちの歴史家たちによって「第一次ブルガリア帝国」と呼ばれる繁栄へと向かうのである。ただしブルガール人たちは、九世紀の中頃までにはスラヴとの融和を進め、母語であるトルコ系の言語を捨ててスラヴ化していった。

一方、アルタイ山脈西南麓から起こった突厥に圧迫される形で、六世紀の中頃――突厥建国の、およそ五年のち――ビザンツ世界に新たな侵入者アヴァルが出現する。彼らは当初ビザンツと結んでいたが、五八〇年代になると、討ち従えたスラヴ人をともなって本格的な侵入を開始する。彼らは、八世紀の末にフランクのシャルルマーニュによって壊滅させられるまで、ドナウ川流域を中心に活動を続け、九世紀以降はスラヴ人に同化していった。

また、七世紀中頃には、ヴォルガ下流域から北コーカサスの東部に、トルコ系のハザルが国家を建てていた。彼らはそれ以前には突厥の支配を受けており、のちに西進したのだった。八世紀にユダヤ教を受け容れ、九世紀初頭にはそれを国教化したことで知られている。またやはり八世紀に、イスラム軍に敗れたハザルの君主がイスラムを受け容れたという記録もあるという。

さらに九世紀になると、フィン・ウゴル系の言葉を母語とするマジャル人がヴォルガ川から黒海北岸を経てドナウ川下流域に登場する。彼らは当初ハザルの支配を受けるが、のちにそれを脱して西進し、アルプス、ピレネー、両峻険《しゅんけん》を越えて地中海岸、大西洋岸にまで進出し、ヨーロッパ世界を大いに動揺させた。マジャル人は九五五年、オットー一世率いるドイツ諸侯軍とレッヒフェルトで戦ってパノニアへ敗走、そこに住む多様な住民を糾合して改めて建国し、ハンガリーと呼ばれることになる。マジャルはその後もスラヴに同化・吸収されることなく、その民族性、言語を長く保持していった。

オグズ族の登場

さて一一世紀の前半になると、トルコ系遊牧民オグズ族の一派が、黒海の北岸に現われる。これをビザンツではウズ（Uz）と、ルーシ（ロシア）ではトルキー（Torki）と呼んだ。やがて彼らは、同じトルコ系のキプチャク族の圧迫を受けてドナウ下流域へ移り、さらに一〇六五年にはドナウ川を渡ってバルカン半島を南下し各地を寇掠した。だが、気候の寒冷化によって弱体化したところをブルガールと、(同じオグズ族に属さないまでも、それに近いと思われる)ペチェネグとに襲われて瓦解した。生き残った者たちは、ビザンツによってマケドニア方面へ定住させられたという。

一方ペチェネグは、オグズと相前後して歴史の舞台に登場した。彼らは元々、東方におけるウイグル国家樹立(七四四年)に際してこれに敵対し、ためにその圧力を受けて西方へ流れ、九世紀末以来黒海北岸を占拠していた人々だったと言われる。ペチェネグは一〇三五年にドナウ川を渡ってビザンツ領内に入り、各地で掠奪を行なったが、ビザンツとオグズとにはさまれて内部抗争が起こり、敗れた者たちはビザンツに降って国境守備の任務を与えられた。彼らは新たに侵入を図る同胞と戦い、そして敗れた者たちは、ビザンツによってブルガリア地方へ植民させられたり、あるいは傭兵部隊に編入されたりした。

このように、オグズとその近縁者たちは、フンをはじめとする多くの先人たちと同様、ローマ領内でいっとき掠奪を行なってこれを脅《おびや》かしはしたが、そこに自己の勢力を確立するにはいたらず、同化・吸収されていった。これは第一に、彼らが少数だったことに起因しているだろう。オグズに関しては、ビザンツ領に侵入した彼らのテントの数が二万〜三万を超えていなかったのは確実、との記述もある。機動力に優れた遊牧騎兵として、掠奪を行なうにはそれでも十分であったろうが、異郷に国家を確立するには、彼らはあまりに少なすぎたのであろう。さらに、その異郷は先進文明の栄えた、あるいはその影響を受けた土地だった。

スウェーデン
ノルウェー
フィン
スコットランド
デーン
リトアニア
アングロサクソン
カスティリヤ
レオン
ポーランド
ルーシ
ハザル
オグズ（ウズ）
神聖ローマ帝国
ペチェネグ
マジャル
フランス
ブルグンド
スラヴ
ナヴァル
ブルガール
ビザンツ帝国
カスピ海
アラル海
ブハラ
バルハシ湖
バイカル湖
キルギス
ウイグル
契丹
サーマン朝
カラハン朝
ガズナ
ハムダーン朝
バグダード
ブワイフ朝
後ウマイヤ朝
アッバース朝
ファーティマ朝
吐蕃
（五代十国）
10世紀のユーラシア

傑出《けっしゅつ》した指導者を持たない限り、異教の蛮族として、彼らにはそこに吸収される以外、道はなかったと言うべきであろうか。

その一方でビザンツが、異質なものを排除するのではなく、それを「ビザンツ化」することで受け入れる、懐の深さを持っていたことは注目に値するだろう。その柔軟さはちょうど、北方の遊牧民が自ら「中華」に転ずることで「中華王朝」を建てていた、中国の場合にも通じる「寛容」な態度だったと言えるだろう。

ともあれ一一世紀の後半には、ビザンツ領内に国境守備兵として、あるいは傭兵として、少なからぬトルコ系諸族が存在していた。また同じ頃には、オグズとは別の一派であるキプチャク族も登場し、彼らはビザンツではクマンと、ロシアではポーロヴェッツと呼ばれていた。

ところで、クマンといい、ブルガールといい、これまで西方世界に登場した遊牧民は、いずれもステップ・ルート沿いに移動してきた人々だった。南を通る道、すなわちイランを通過する道には、アケメネス朝以来、強大な統一国家が存在し、これが東西交易路を押さえてトルコ系遊牧民の南下を妨《さまた》げていたからだった。領内での交易許可を求める突厥使節の依頼を拒絶したササン朝のホスロー一世の態度に、それはよく表われている。

しかし七世紀にイスラムが興り、状況は大きく変わる。

2　トルコ族のイスラム化とアナトリアのトルコ化

中央アジアのイスラム化

正統カリフ時代の六四二年、ササン朝ペルシアを事実上滅ぼしたアラブ・イスラム勢力は、しかしその直後に内乱を起こし、その征服活動もアム川の線で一旦停止した。中央アジアに対する本格的な軍事行動が再開されるのは、ウマイヤ朝が成立してのち、特にクタイバ・ブン・ムスリム（アミールクタイバ《アミールクタイバ》）が七〇四年にホラーサーン（イラン東部〜アフガニスタン北部）総督に任じられてからであった。イスラム軍はアム川を越え、ソグディアナからシル川東北部へも攻め込んでいった。

七〇六年にはブハラがイスラム教徒の支配下に入り、七一〇年にはサマルカンドを中心としたソグディアナ一帯に、その支配権が確立された。さらに七一三年以降、イスラム軍はシル川を越えてタシケントと、さらに上流のフェルガナとを討った。こうした急激な展開を前にソグディアナ諸国は、同盟者であり保護者である突厥に対して救援を要請する。

唐の支配を脱して復興し、「第二可汗《かがん》国」をうち立てて意気あがる突厥は、ビルゲ・カガンと弟のキョル・ティギンとが自ら軍を率いて駆けつけるが、このときは配下の部族が離反したため、イスラム軍を撃破することはできなかった。東方ではその後、この地域に対する支配権を取り戻そうとする中国（唐）の思惑もからんで、諸勢力が争うことになる。そうした中で、当初唐を頼ろうとしたソグディアナ諸国は、唐がタシケントを攻略すると、逆にイスラム軍を使って唐の勢力を排除しようとすることになる。こうして七五一年、タラス川で歴史的な会戦が戦われた。敗北した唐は以後中央アジアから撤退し、この地域は完全にイスラム圏に組み込まれることになるのである。

一方、中央アジアでの数十年にわたる戦闘は、イスラム軍の将兵に、遊牧トルコ兵の剽悍《ひょうかん》さを強く印象づけることになった。実際、遊牧トルコ兵は、イスラム軍が出会った最強の敵であった。そのことが、いずれ彼らにトルコ兵を利用することを思いつかせることになる。

そしてそのトルコ側にとっても、この時期は大きな転換期だった。

ウイグルの西走

タラス会戦の七年前、七四四年に突厥を倒して建国した同じトルコ系のウイグルは、唐の求めに応じて「安史《あんし》の乱《らん》」――そもそもこの反乱の首謀者安禄山《あんろくざん》は、ソグド人の父と突厥人の母との間に生まれていた――を平定するために出兵するなど強盛を誇り、さらに絹交易の中枢を掌握して繁栄した。しかし八四〇年、政争から内乱を起こしたウイグルは、対立するキルギス軍およそ一〇万に「首都」オルドバリクを攻略されて壊滅した。その直後、総数三〇万にもおよぼうというウイグルの亡命者集団が、南方と西方とを目指して落ちていった。

これは、草原の主人公だったトルコ系の人々が、中央アジアのオアシス社会に浸透し、そこをトルコ化してゆく大きな契機であった。

ウイグル集団のうち、一〇万余の西走派はさらにいくつかの集団に分かれたが、その一つは東部天山山脈の麓に新王国を建設する。またさらに西、チュー川の流域に入った者たちもいた。そこは、やはりトルコ系のカルルクと呼ばれる人々が支配する地域であった。そしてこのカルルクの領域に、一〇世紀の中頃、カラハン朝という国が生まれている。その経緯や、その中で亡命ウイグル人の果たした役割はいずれも不明だが、いずれにせよ、イスラムの辺境地帯に接するこの国で、トルコ族のイスラム受容というドラマが起こることになる。また、先に見たビザンツ史上への「ウズ」の登場も、中央ユーラシアにおけるこうした変動の一齣なのであった。

トルコ族のイスラム化――カラハン朝の場合

トルコ族は元来、シャーマニズムの信奉者だった。その彼らをイスラム世界に引き寄せたのは、一言で言えばその文明、あるいはその文明がもたらす豊かな生活であったろう。すでにウイグル国家の支配的階層は、中国（唐）国内での生活体験や、東西交易を通じて得た情報などを契機にマニ教、あるいは仏教を受け容れ、同時に、より高度な文明に魅せられて都市的生活に入っていた。そして今、かつてトルコ系遊牧国家の軍事力と提携して東西貿易に従事していたソグド人が、いち早くイスラムを受容して交易活動を進め、シル川以北のトルコ族の世界にも入り込んできたのだった。彼らはトルコの人々に、高度な文明としてのイスラム——品物や、あるいは技術——を示したに違いない。

また、イスラムの側でも、一〇世紀には神秘主義者《スーフィー》たちの活動が各地で盛んになっていた。彼らは、あるいは魔術師まがいの不思議を見せて人々を引きつけ、あるいは神との合一の境地に入って人々の魂を奪った。ことに元来シャーマンは神と人との媒介役であったから、神との合一を説くスーフィーは、トルコの人々に受け容れられやすかったと言えるだろう。

こうして、伝説によれば九五〇年代の中頃、カラハン朝の君主サトゥク・ボグラ・ハーンがイスラムに改宗し、イスラム教徒が支配するトルコ系の国家が誕生したのだった。君主と同じ宗教でいることは何かと有利であるに違いない。イスラム側の史料には、次の君主の時代の九六〇年に、テントの数およそ二〇万帳の遊牧トルコがイスラムに改宗したと記録されているという。

こうして、イスラム世界の中に組み込まれたトルコ系の国家が出現するが、トルコ族のイスラム化には、今ひとつの型が存在した。それは、イスラム世界にただ一人身を投ずる方法である。

トルコ族のイスラム化――ガズナ朝の場合

アラブ世界にはイスラム以前から、主人との間に擬制《ぎせい》的な血縁関係を結ばせることで、非血縁者を「マワーリー」として部族内に組み込み、これを奴隷とともに私的な軍事力として用いる習慣があったという。イスラム勃興以後、増大する戦争捕虜を戦力として活用するべく、この習慣が利用されたのだった。そしてさらに、兵士候補者を奴隷として購入し、これを一定の秩序のもとで、王朝に忠実な軍人に仕立ててゆくシステムが作られてもいった。

その際、もっとも有能な軍人候補と認められたのが、遊牧トルコ兵だった。早くも九世紀の前半には、のちにアッバース朝の八代カリフとなるムータスィムが多数のトルコ人奴隷兵《マムルーク》を抱えていたことが知られているが、即位後はこれがさらに増強されて、その数およそ七〇〇〇におよんだと言われている。地縁からも、また血縁からも切り離され、擬似的血縁関係を結んだ主人から認められることだけを頼りに戦うマムルークは、自己の権力の維持と拡大とを願う君主にとって、きわめて好都合な存在だった。一方、おのれの力一つを頼りに都市文明の世界に参入し、そこで立身することも可能なマムルークの「職」は、トルコ系遊牧民にとっても魅力に富んだものだったに違いない。

こうして、当時ソグディアナ――アラブ人の言うマーワランナフル、すなわち（アム）川の彼方――を支配していたイラン系のサーマン朝は、トルコ人奴隷のイスラム世界への供給によって大きな利益を上げた。そしてそのサーマン朝のマムルークだったアルプ・ティギンが九六二年、任地であったアフガニスタンのガズナで自立する。おのれの実力だけを頼りに異郷へ身を投じたトルコ兵が、ついに権力者として君臨する自分の国を手にしたのである。これ以後、実力によって君主が交替したこの国は、九七七年以降世襲制を確立して、ガズナ朝と呼ばれることになる。

いずれにせよ一〇世紀の後半、ほぼ時を同じくしてカラハン朝とガズナ朝という、トルコ系のイスラム王朝が、イスラム世界の東方辺境に誕生したのである。イスラム世界は、以後急速にトルコ人の支配下に入ることになる。

セルジュク朝の成立

一〇世紀の末に、オグズ族のトルコ系遊牧集団が、族長セルジュクに率いられてアラル海北方からシル川河口地方へ移住した。イスラムに改宗した彼らは、カラハン朝、ガズナ朝、両トルコ系王朝勢力の間隙《かんげき》を衝くようにして勢力を伸ばしていった。彼らのように、部族組織を維持したまま改宗してイスラム世界に進出したオグズの集団は、ふつうトゥルクマーンあるいはテュルクメンと呼ばれる。

セルジュク家のテュルクメンの間には、その後息子たちの間で路線対立が起こったように見える。それは、トルコ系遊牧民が定住地帯に入って国家を築き、それを維持してゆく上で避けて通ることのできない、本質的な問題を含んだ対立だった。

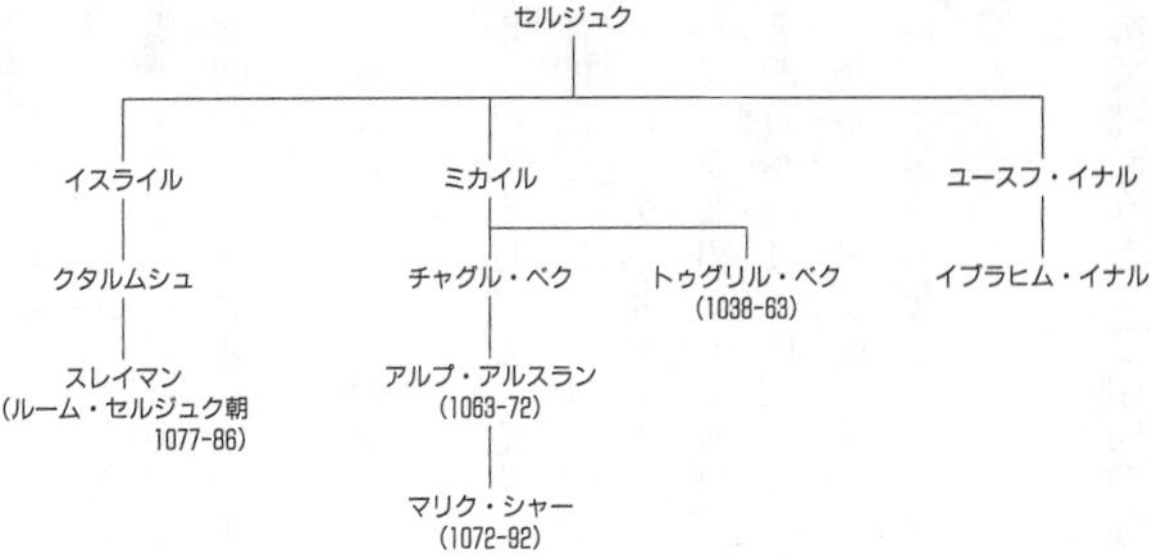

セルジュク朝略系図

一一世紀初頭、長兄のイスライルは、早世した弟ミカイルの子、チャグル・ベク、トゥグリル・ベクの二人とともに、カラハン朝の勢力と同盟し、ブハラ近郊を冬営地、サマルカンド周辺を夏営地として遊牧を行なっていた。しかし一〇二六年にカラハン朝勢力がガズナ朝に敗れると、イスライルに従うテュルクメンおよそ四〇〇〇帳は、アム川を渡ってホラーサーン地方へ入り、ガズナ朝に属した。チャグル、トゥグリル兄弟は、そのままカラハン朝領内に留まった。

しかしイスライルはその後幽閉されて獄死し、彼に従っていたテュルクメンたちはホラーサーン地方で無秩序な放牧を行ない、各地を掠奪した。ホラーサーン諸都市の商工業者も、また近郊でオアシス農業を営む農民も、いずれもが秩序の回復と維持とを望んでいた。そうした中で、一〇三五年にトゥグリルは、従兄弟イブラヒム・イナルの手勢も含めた一万騎ほどの兵を率い、秩序の維持者としてホラーサーンへ侵入した。彼らはさらに、一〇三八年にはニシャプールへの無血入城を果たし、セルジュク朝を創始したのだった。二年後の一〇四〇年には、常に彼らを脅かしてきたガズナ朝の軍隊も撃破して、セルジュク朝はホラーサーンにおける支配権をより確実なものとすることに成功した。これ以後、セルジュク朝の勢力は急速に発展するが、抱える問題もまた、同時に露呈してくる。

セルジュク朝の発展

セルジュク朝がホラーサーンの支配を固め、勢力を拡大してゆく過程は、彼らが一方で在地の勢力と提携し、他方で外部から非テュルクメン集団を導入する過程でもあった。より具体的に言えば、セルジュク朝はイラン人官僚とマムルーク常備軍とを活用することで、すなわち自らを「非テュルクメン化」することで国家形成を成し遂げたのであった。

イブラヒム・イナルは、テュルクメン集団を率いて掠奪戦を展開し、セルジュク朝の勢力を西方へ向けて拡大することに努めていた。だがトゥグリルは、カリフを擁してバグダードに拠るブワイフ朝と講和すると、「イスラム世界」における掠奪を禁じざるを得なくなる。自らイスラム化し、イスラム教徒として定住民の土地――古くから強大な王権によって統治され、さらにイスラム世界の中心部であり続けた土地――を統治しようとするならば、その土地のルールに従うことは必須だった。そしてルールに従うことは、常に新たな戦利品を求めて戦おうとする傾向の強いテュルクメンたちの性向と、必ずしも合致はしなかった。

掠奪を禁じられたイブラヒム・イナルの勢力は、一〇四八年、新たにアム川を越えて移動してきた多くのテュルクメンをも吸収して長駆《ちょうく》アナトリアを襲い、莫大な戦利品を獲《え》て帰還する。その数は一〇万に達したと言われる。これはビザンツのお膝元であったアナトリアがイスラム教徒のトルコ兵に脅かされ、さらにそこがイスラム化してゆく大きな契機であったが、そこまで遠征しなければ戦利品を獲られないテュルクメンは、やはり不満であったろう。

君主の意のままに、和戦両様に構えられるマムルーク軍団を重用し、さらにイラン人の官僚に政治を任せようとするトゥグリルに対し、権力から疎外されたテュルクメンは一〇五八年、遂に反旗を翻す。だが彼らは敗れ、トゥグリルによって西方辺境に放逐された。しかし彼らがそこで見いだしたのは、思いのままに、しかもイスラムの名の下で掠奪の行なえる新天地であった。他方中央政府にとっても、それは自勢力の拡大には違いなかったから、これはまさに絶妙の策と言えたであろう。こうしてアナトリアのイスラム化が、以後徐々に進展することになる。

一方、イラン人官僚の登用という点についてさらに言えば、セルジュク朝のこうした国家形成のあり方は、匈奴以来、中央ユーラシアを支配してきた遊牧国家が、その内部に漢人やソグド人、あるいはギリシア人やローマ人を迎え入れ、彼らの技術を利用することで繁栄していたことと通底するものであっただろう。セルジュク朝は「公用語」としてペルシア語を

ビザンツ資料に見るマラーズギルトの戦い
(マドリッド，国立図書館蔵)

用い、ペルシア語で作品を著わす多くの文人を保護して、ペルシア文化の発展にも大きく寄与することになる。

いずれにせよセルジュク朝は、一〇世紀に入って分裂の傾向を強めていたイスラム世界を急速に再統一し、一〇七〇年にはイエルサレムを占領。翌七一年には大軍を率いて遠征してきたビザンツ皇帝を東部アナトリアのマンズィケルト（マラーズギルト）に撃破して、アナトリアのイスラム化、トルコ化を大きく進展させることにもなるのであった。

アナトリアのイスラム化・トルコ化

一〇六三年にトゥグリルを継いだ甥のアルプ・アルスランは、一〇七一年、ビザンツ皇帝ロマノス四世をマラーズギルトに破ってこれを捕虜とした。コンスタンティノープルから遠征してきたビザンツ軍は、三〇万と言われる大軍だったが、その相当部分は、ブルガール、ノルマン、フランク、そしてウズ（すなわちオグズ）やペチェネグ（ビザンツの言うパツィナク）からなる傭兵部隊であった。皇帝軍の敗因は、まず後衛部隊を率いた貴族が皇帝を裏切り、軍を引き上げたことにあるが、トルコ系傭兵の寝返りもまた、大きな原因だった。

この戦いは、確かにアナトリアのイスラム化にとって大きな契機ではあった。だが、先にも見たように、この土地へのテュルクメンの襲撃はすでにそれ以前から行なわれていたし、さらに重要なことに、他地域へのイスラムの浸透とは大きく異なり、アナトリアのイスラム化は、こののち二〇〇年以上の歳月をかけてゆっくりと進行してゆくのである。アナトリアが経験したこの二〇〇年が、東からイスラム化の進められる時代であると同時に、西からは十字軍がやってくる時代でもあったことが、その一因と考えられる。さらに何と言ってもアナトリアはビザンツのお膝元であったから、皇帝による反撃と再征服とが常に試みられてもいた。また、征服者側が常に一体的であったわけではないことも忘れることができない。アナトリアではこの時代、トルコ系諸勢力が割拠する状態が続いていたのである。――これらの要因が重なりあって、アナトリアのイスラム化はゆっくりと進められていった。

ともあれイスラム側が「ルーム」(「ローマ人の土地」)と呼んでいたアナトリアが、長い時間をかけて「トゥルキーヤ」(「トルコ人の土地」)と認識されるにいたるのだが、ではその間のアナトリアには、一体どのような出来事が起こっていたのであろうか。

都市の衰退と農村の荒廃

ギリシア語年代記にシリア語やアルメニア語の史料を加えたビザンツ側の陳述と、侵入する側のトルコ語叙事詩（Danishmendname）、いずれにも共通するのが、征服活動による教会などの公共施設の破壊と、それにともなう都市の衰退である。コンスタンティノープルを頂点に集権化され、皇帝の直接支配を受けていたアナトリアの教会に対する攻撃は、すでにマラーズギルト戦以前から行なわれていたが、戦い以降はさらに聖職者の逃亡も広汎に見られるようになる。そして、町の教育や慈善事業の担い手であり、したがって指導者でもあった主教の存在しない都市が、しだいに増加してゆくのである。教会は掠奪され、モスクに転用される場合もあった。聖像やイコンも、当然失われることになる。アンゴラ（アンカラ）のように、キリスト教徒がほぼ完全に追放された町もあったし、カエサレイア（カイセリ）のように、襲撃を受けてのち、半世紀以上も荒廃したまま放置された都市もあった。

農村部にも混乱が起こる。テュルクメンの攻撃を恐れる農民は、土地を離れて流民化した。城壁を持つ都市へ逃れるもの、山岳地帯で難を避けようとするもの、様々な形で人が動き、耕作者のいなくなった農地は荒廃した。

だが、すべての都市が破壊されたわけではない。また破壊を受けた町が、完全に掠奪し尽くされたわけでもない。教会の中でも、ビザンツから圧迫を受けていたアルメニア教会やシリア教会は比較的寛大なあつかいを受けた。したがってこれらの教会に属する主教の中には、圧迫され、あるいは混乱するビザンツ領内から、主教座をイスラム教徒支配地域に移すことを考えるものも出てきたという。また、都市の破壊はビザンツ側によってもなされた。

再征服活動の中で、イスラム教徒支配下の町は徹底して破壊され、イスラム教徒は追放された。イコニウム（コンヤ）のように、セルジュク、ビザンツ、さらに十字軍の各勢力によって繰り返し攻撃を受け、破壊にさらされた都市もあった。

テュルクメンの焦土《しょうど》作戦によって農村の生産力は著しく低下したが、同様の作戦は、再征服の際にビザンツ側も採用していたのだった。

人口の流動化

テュルクメンの侵入・襲撃によって、多くの死者が出たことは当然である。生産力の低下によって飢饉《ききん》が日常化し、飢えや疫病に斃《たお》れるものも少なくなかったであろう。

さらにテュルクメンたちは、アナトリアの人々を奴隷として徴集した。当初は本拠地であるイランへ送り、のちにはアナトリア内で使役すべく、少なからぬ数の人間が奴隷とされた。エデッサ（ウルファ）陥落時には、一万六〇〇〇の人々が奴隷になったと記録されているという。家内奴隷として使われる場合もあったが、強制改宗ののち、マムルークとして利用される場合もあった。セバステイア（スィヴァス）には奴隷市ができた。

征服時に、イスラムへの強制改宗が行なわれたことを示す史料は多い。ギリシア側の史料だけではなく、トルコ語叙事詩の中にも五〇〇〇人が改宗を受け容れ、五〇〇〇人が死を選んだという記述があるという。

また、テュルクメンは本来農耕に従事しないから、荒廃した農村を復興させ、税を徴収するためには耕作者を連れてくる必要があった。こうして、ギリシア人農民の強制移住が、政策として広汎に行なわれた。アナトリアにテュルクメンの君侯国（Beylik）が成立し始めると、イスラム教徒の君主同士で、ギリシア農民の奪い合いが行なわれたという。

しかも、こうした強制移住はビザンツ側によっても行なわれた。再征服の過程で、奪い返した土地に荒廃した農村を見た彼らは、テュルクメンたちとまったく同じ政策を採ることになったのである。だが一二世紀から一三世紀に入ると、ビザンツの政治力は衰え、その領内には無秩序と叛乱とが横行したため、ギリシア農民はトルコ系君侯国支配地域の平穏と安全とを選び、むしろイスラム側の領土への逃亡をすら図ったのであった。かつて中国北辺で、匈奴の領域へ逃亡しようとした中国の貧農、奴婢の姿を思い起こさせる光景である。

建設と融合

征服時の破壊と掠奪、再征服によるその繰り返しののち、アナトリアは東方からしだいにイスラム圏に組み込まれ、安定を示し始める。そして組み込まれてしまえば、そこではもはや強制改宗も起こりはしなかったであろう。十字軍の兵士も、のちのマルコ・ポーロも、またウィリアム・ルブルクも、すべてがアナトリアにおける多数のギリシア人やアルメニア人の存在を報告している。彼らの間でトルコ人は少数派であり、トルコ支配下にありながらトルコ駐屯兵のいない町も多く存在したのである。

たしかにテュルクメン兵士は恐れられ、嫌忌されていた。イスラム世界でも——少なくとも書物を書き残そうとするほどの教養人の間では——彼らの粗雑さはほとんど周知のことだった。征服時の虐殺も強制改宗も、その彼らの粗暴さと熱狂との反映であったと考えられよう。また、そうした粗雑さが遍《あまね》く存在したからこそ、これを罰し、あるいは禁じ、抑えようとしたトルコ系君主たちの寛大さ、公正さが記録に残り——場合によっては「イスラムの（あるいはトルコ人の）寛容」の例として——称揚されもしたのであった。だが、彼らもしだいに定住化してゆく。

それに加え、征服活動が一段落すると、イランの方面から、イスラム教徒の商人や職人、宗教知識人《ウレマー》や神秘主義者《スーフィー》がアナトリアへやってきた。こうして一二世紀も末になると、トルコ系社会の中核として、都市の発展が見られるようになってゆく。そしてそうした都市とコンスタンティノープルとを往復するイスラム教徒、キリスト教徒、いずれの商人も現われ始めた。

さらにギリシア人とトルコ人との融合も進んでいた。テュルクメンの来襲とともに、早々と領地を捨てて西方へ去ったギリシア貴族もいたが、留まって新たな支配者に仕える者たちも多くいた。彼らの中にはすぐにイスラムに改宗する者もいたが、かなり長期にわたってキリスト教信仰を守った者も、また多かった。皇帝に背《そむ》いてトルコ側へ走る貴族や軍人がいるかと思えば、ビザンツ側へ亡命するトルコ人の君主もいた。

こうした状況の中で、キリスト教徒ギリシア人とイスラム教徒トルコ人との間の、君主レヴェルでの婚姻も次第に増えていった。アナトリアにおけるセルジュク朝の分家として、一一世紀の後半に成立したルーム・セルジュク朝（「ローマ人の土地のセルジュク朝」）では、一二世紀の後半からこうした婚姻が一般化し、次頁の図に見られるように、何代にもわたってその血筋にキリスト教徒ギリシア人の血が入ることになった。ビザンツの側にも、皇帝ヨハンネス二世の甥がルーム・セルジュク朝スルタンの娘と結婚し、イスラムに改宗するという例が現われてもいる。

こうした混血は、庶民のレヴェルでは一層盛んに、またより早くから行なわれていたと思われる。トルコ軍の中に、ビザンツ側が「混血蛮族」（Mixovarvaroi）と呼んだ人々が、早い時期から存在していたことがわかっている。彼らは兵士としてだけではなく、指揮官としても、また官僚としてもアナトリアのトルコ系諸国家の中で重要な役割を与えられていった。また、ビザンツ時代以来アナトリアの諸産業を支えていた職人や建築家たちも、トルコ支配下で優遇されることが多かった。時とともに彼らのうちの相当部分はイスラムに改宗し、さらにトルコ語を話すようになっていったと思われる。

一三世紀に入ると、ビザンツ支配の弛緩の中で、皇帝から辺境守備を託されていた将兵（アクリタイ）の中にも、むしろトルコ側に立ってともに戦おうとする者たちが目立ってく

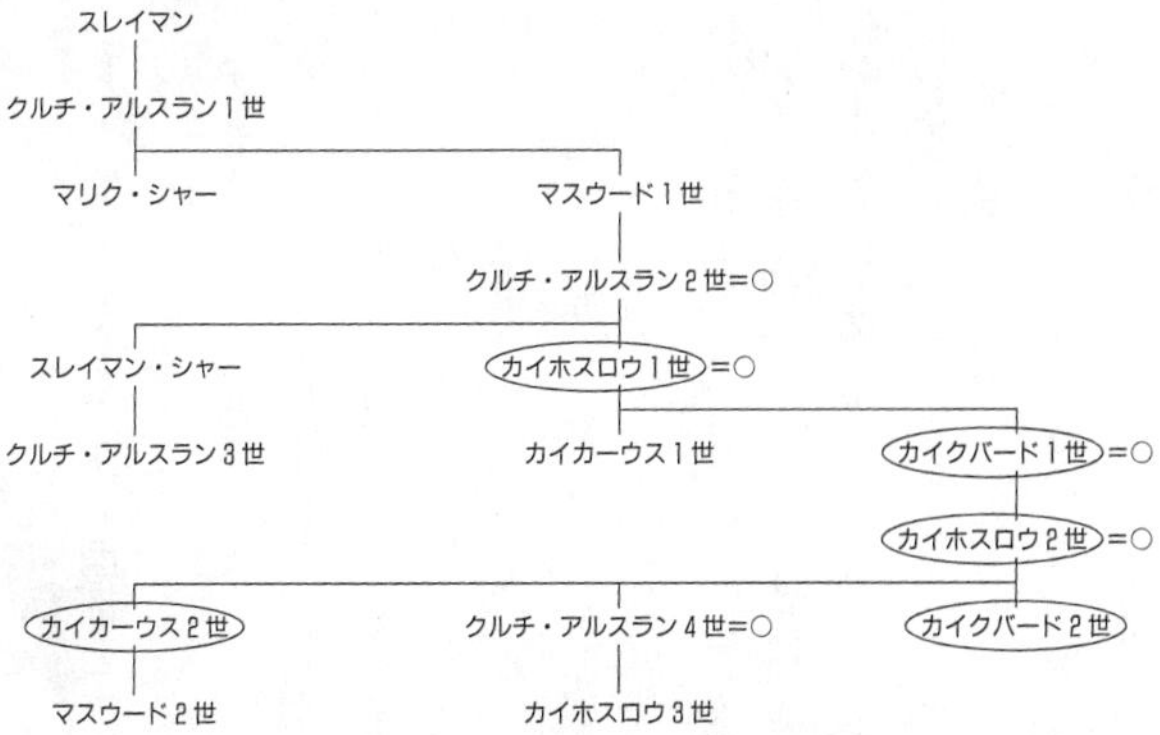

ルーム・セルジュク朝略系図　○はキリスト教徒（多くはギリシア人）の妃。丸囲みのスルタンは母親がキリスト教徒（多くはギリシア人）

る。こうして二世紀におよぶ綱引きの間に、アナトリアはキリスト教徒とイスラム教徒、ギリシア人とトルコ人、さらにアルメニア人が融合した新たな秩序を自ら作り出していったのである。――アナトリアのトルコ化・イスラム化の実態は、こうしたものであったと思われる。その中西部以東を支配するのは確かにイスラム教徒であったが、彼らの血筋は複雑だった。そしてその住民もまた――彼らの土地が「トゥルキーヤ」と認識されるようになったにもかかわらず――雑多な人々だった。

こうした秩序に新たな衝撃を加えたのが、モンゴルの来襲である。

3 モンゴルの西征とオスマン朝の誕生

チンギス・カン登場

モンゴル高原東北部を本拠とする小部族「モンゴル」の名門に生まれたテムジンが部族の指導者にのし上がり、さらに敵対する諸部族を抑えて即位し、チンギス・カンを名乗ったのは一二〇六年のことだった。マラーズギルト戦から一三五年、第一回十字軍のアナトリア上陸以来一一〇年の時が流れていた。

モンゴル高原に割拠し、彼に服属した部族の中には、ナイマンやオングトのようなトルコ系部族や、ケレイトのようなモンゴル系部族がいた。つまり、かつての匈奴や突厥の場合と同様、部族名「モンゴル」が、種々の部族を含んだ連合国家の名になったのである。そしてモンゴル国家がその体制を整えてゆくとき、「モンゴル」部族の出身であることは、もちろん要求されはしなかった。国家に忠実で有為の人材であれば、誰にであれその才能を生かす道は開かれていた。これもまた、古代以来の、そして同時代にアナトリアで建設されていた遊牧系国家と共通の特徴だった。

一方、チンギスの登場とほぼ同じ時期に、中央アジアのアム川下流域を中心として、トルコ系のホラズム・シャー朝が最盛期を迎えようとしていた。セルジュク朝に仕えていたマムルークが一二世紀の初頭に自立して興したこの国は、東西交通の要衝を押え、南ロシア草原や黒海沿岸にまでいたる、広大な交易圏を支配して大きな利益を上げていた。

そして中央ユーラシアの覇者となるべくチンギスは一二一九年、ホラズム打倒の軍を起こす。モンゴルの大征服が、こうして始まった。ホラズム軍は奮戦したが、二〇年にはついに征服される。チンギスは残党を狩るべく別働隊を西方へ派遣した。この別働隊ははるかにコーカサスを越えて北進し、トルコ系のキプチャク族を破って、さらに一二二三年にはルーシ（ロシア）の連合軍をカルカ川で撃破するにおよんだ。

プレスター・ジョン伝説

一二世紀の中頃、ヨーロッパには、東方にプレスター・ジョン（プレスビュテル・ヨハンネス）の支配するキリスト教徒の国があるという伝説が生まれていた。第一回十字軍が一〇九九年にイエルサレムを占領して王国を築いてからほぼ半世紀後、セルジュク朝に仕えるトルコ系マムルークのザンギーによる反撃で、一一四四年にエデッサ伯国が討たれていた。翌年、こうした苦境を訴える報告がローマ教皇のもとに届くが、その中に、東の果てに住むキリスト教徒プレスター・ジョンがイェルサレムを救うべく行動を起こした、という噂も含まれていたのである。一一四一年にセルジュク朝の軍隊が中国北辺から中央アジアへ移動した西遼《せいりょう》の耶律大石《やりつたいせき》に敗れていたが、どうやらこの事実が、「イスラム教徒を討つキリスト教の

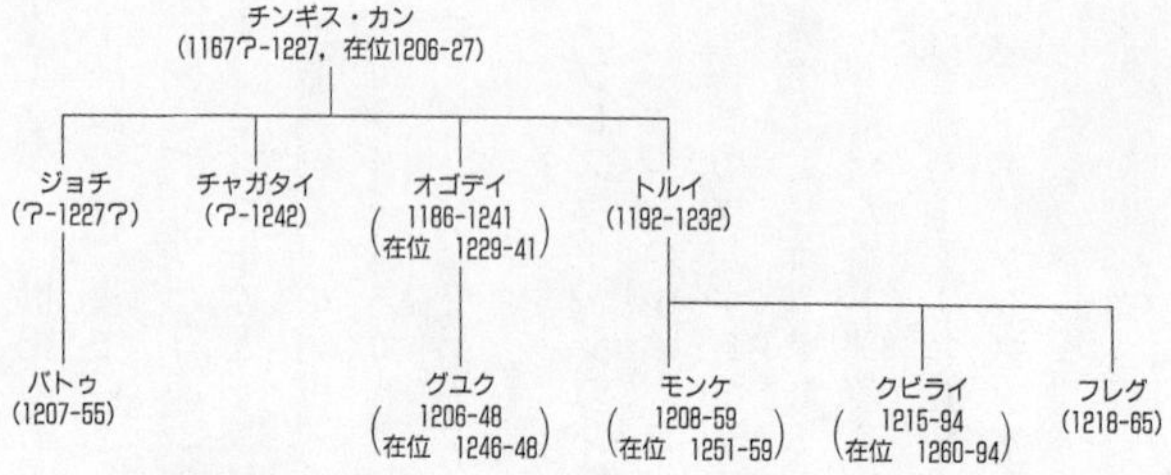

モンゴル帝国君主略系図

擁護者」の存在を、ヨーロッパ世界に想像させたものらしい。

こうして生まれた伝説を事実だと思わせるような出来事が、一三世紀に起こる。言うまでもなく、異教徒チンギスによるイスラム教徒の強国ホラズム・シャー朝の打倒である。だがこの伝説の救世主は、その後バグダードも襲わず、十字軍も助けず、あろうことか、グルジア、アルメニアといったキリスト教国を寇掠し、さらにルーシをも撃破して、嵐が去るように東方へ消えていった。

彼らはプレスター・ジョンの軍隊ではなかったのか。

ヨーロッパがプレスター・ジョンの正体を見るのは、およそ二〇年後である。チンギスの死（一二二七年）ののち、その後を継いだオゴデイが、甥のバトゥに命じて再度西方遠征を行なったのである。一二三六年のことである。バトゥは南ロシアを征服し、さらにポーランド、ハンガリーに侵入してキリスト教徒の軍を次々と打ち破った。モンゴル軍の一部を形成したトルコ系のタタル部族の名と、「冥府」を意味するラテン語Tartarusとが関連づけられて、ヨーロッパでは「タルタル」と呼ばれ、「冥府の住人、悪魔の下僕」と恐れられることになったモンゴル軍は、しかしオゴデイ死去の知らせを受けて、今回もまた卒然《そつぜん》と東方へ去っていった。

その後ローマ教皇は、「タルタル」の正体を確かめ、彼らを改宗させてヨーロッパへの攻撃を断念させるべく、修道士カルピニを彼らの本拠地へ派遣することになる。カルピニは一二四五年にリヨンを出発し、翌年カラコルム近郊に到着。第三代皇帝グユクの側近に、ネストリウス派キリスト教徒がいることも確認する。そして帰国したカルピニの旅行記によって、ヨーロッパの東方に対する知識は大きく啓《ひら》かれることになった。

一方、バトゥの遠征は、アナトリアにも大きな波紋を呼んでいた。

モンゴルとアナトリア

一三世紀の前半、アナトリアではルーム・セルジューク朝が最盛期を迎えていた。この王朝は、もともとセルジュクの息子でガズナ朝によって幽閉され、獄死したイスライルの孫に当たるスレイマンが、セルジューク朝第三代のマリク・シャーによってアナトリアへ派遣されたことに起源を持っている。スレイマンの率いるテュルクメン軍は、マラーズギルト戦のわずか四年後（一〇七五年）には、マルマラ海に近く、海をはさんでコンスタンティノープルへも百数十キロの距離にあるニカエア（イズニク）を征服して、首都近くにまで掠奪に現われるようになっていた。イェルサレムが征服され、さらにシリアの地中海岸でヨーロッパからの巡礼団が聖地行きを阻止される事件（一〇九三年）も重なって、ビザンツ皇帝からの救援要請は、ヨーロッパに十字軍という形の反応を呼び起こすことになる。

アナトリアに流入したテュルクメンの部将たちが、それぞれに自己の勢力を拡張しようと図る中で、ルーム・セルジュク朝は、中部アナトリアに拠るダニシュメンド朝と並んでもっとも有力なものに成長する。彼らは、一方では侵入する十字軍や再征服を図るビザンツ軍と戦い、他方ではダニシュメンド朝をはじめとするテュルクメン諸勢力と覇権を争っていた。そして第一〇代カイカーウス一世、一一代カイクバード一世の時代にルーム・セルジュク朝は、首都コンヤ（イコニウム）を中心に他の勢力を圧倒し、特にカイクバードは東部アナトリアにも進出、さらに黒海を渡ってクリミア半島にまで兵を送る勢いを示した。だがその息子、カイホスロウ二世の時代に、東方からモンゴルが侵入する。

一二四三年、バトゥの別働隊を率いた部将バイジュ・ノヤンの率いる四万のモンゴル軍に、七万の兵を擁したカイホスロウはスィヴァス（セバスティア）東方のキョセ・ダグで敗れて潰走《かいそう》、スィヴァス、カイセリ（カエサレイア）両都市がモンゴルに征服された。バイジュ・ノヤンにアナトリアを支配下に入れる意図はなく、彼は掠奪を目的に侵入したと思われる。したがってその軍勢は、ルーム・セルジュク朝の首都を目指すこともなく東方へ去ったが、セルジュク側は宰相を派遣してその軍を追わせ、講和を結んで自らモンゴルの属国となった。こうしてアナトリアは、毎年モンゴルに貢納する立場に転落したのである。

以後モンゴルは、ルーム・セルジュク朝のスルタン位継承にも口を出し、それがはるかカラコルムにいるモンゴル皇帝の意志によって決定する事態も生じることになる。だが、アナトリアにとってより重要なことは、世紀の前半に行なわれたモンゴルの一連の西征活動によって、中央アジア、イラン方面から多数のテュルクメンが新たに流入してきたことである。マラーズギルトの戦いを大きな契機とする一一世紀末の侵入を第一波とするなら、モンゴルとともにやって来た一三世紀半ばのこの移住は、間違いなく第二の波であった。それは、ルーム・セルジュク朝のもとでいったんでき上がった秩序の動揺を呼び起こした。

ルーム・セルジュク朝では彼らテュルクメンを辺境地帯へ送り込み、秩序の維持を図ったが、やがて彼らは、それぞれに自己の勢力を確立しようとすることになる。

一二五三年、第四代モンゴル皇帝モンケの命によって、弟のフレグが西方遠征に発《た》ち、五八年にはバグダードを征服してアッバース朝を滅ぼした。こうして「フレグ・ウルス」いわゆるイル・カン国が建てられると、アナトリアは、イランを支配するこの国の宗主権下におかれることになった。これに対してアナトリアのテュルクメン諸勢力はたびたび抵抗を示していた。そして一四世紀に入って間もなくルーム・セルジュク朝の王統が絶え、さらにモンゴル勢力が後退し始めると、アナトリアでは各地にテュルクメンの君侯国が自立、割拠して覇を競うことになった。

そしてその中の一つが、オスマン（?～一三二六）によって率いられた集団なのであった。

オスマン朝の起源

残念ながらオスマン朝の起源について、はっきりとしたことは何もわかっていない。実にオスマンの祖父の名すら、史料で確定することはできないのである。彼の父親がエルトゥグルル（?～一二八一頃）という名で、そしてアナトリアの西北部を本拠地に活動していたことだけが、かろうじて確かめられるだけである。しかも、エルトゥグルルやオスマンが、実際に何者であったかについても、はっきりしたことはわかっていない。

一三世紀半ば以降アナトリアの西北部には、モンゴル西征の波に押されて多くのテュルクメンが移住してきていた。彼らの相当部分は、家畜とともに移動し、アナトリアの新天地でもまた、少なくとも「平時」には遊牧の生活を送っていた。現在にまで伝わる、詳細な内容を備えた最古のオスマン朝年代記――それですら、書かれたのは一五世紀後半なのだが――には、

オスマンは、ビレジクのテクフルに「我々が夏営地へゆくとき、我々の荷物を預かってほしい」と頼んだ。かくてオスマンが夏営地へゆくときは、いつもすべての荷を牡牛に

積み、幾人かの女をつけて運び、ビレジクの城に預けた。夏営地から戻るときは、チーズ、キリム織り、子羊を土産に、預けたものを引き取りにいった。（小山皓一郎訳）

というたぐいの記述が数多く存在している。ビレジクはアナトリア西北部の町の名、テクフルとは、キリスト教徒の領主を意味する言葉である。つまりここに見えるのは、キリスト教徒定住民と共存している遊牧民の姿以外の何ものでもない。

その遊牧民が定住民を襲撃することになったきっかけも、その年代記によれば、夏営地と冬営地との間の季節移動を妨害されたからなのであった。しかも、その襲撃に参加したオスマンの手勢は、わずかに七〇と記されている。こうした記述は、オスマンが小規模の遊牧集団を率いる族長であったことを示唆しているように思われる。定住農耕民と共存することは、自ら穀物生産を行なわない遊牧民にとって必須のことだった。だが、その遊牧集団が、なぜ急激にオスマン帝国へと成長するのであろうか。

この疑問を解く鍵は、テュルクメンの戦士集団にあると考えられている。一一世紀末からアナトリアを荒らし回ったテュルクメン兵士は「ガーズィー」と呼ばれていた。ガーズィーとは、イスラムの信仰のために戦う戦士のことである。一三世紀の末に、イスラム側とビザンツ側との勢力の境界線は、西北アナトリアにあった。しかもビザンツ権力は衰微して辺境を統率する力を失い、またイスラム側にも、これを統一的に支配する権力は生まれていなかった。こうしてアナトリア西北部は、一種の権力の真空地帯、あるいは無法地帯となっていたと思われる。そうした混沌の中で、イスラム側にもビザンツ側にも、戦闘(あるいは掠奪)を生業《なりわい》にする集団が土着化していたと考えられる。おそらく彼らは「侠気《きょうき》」のような独特のモラル、あるいは価値観を持っていたと思われる。そして「民族」や「宗教」もそうした「価値観」の一つに過ぎなかったから、イスラム教徒とキリスト教徒とが手を組むことも、そこでは日常茶飯事だった。その中でイスラム側の人々が「ガーズィー」と呼ばれていたのである。

先の年代記には、オスマン家の人々が戦時や午後の礼拝時に軍楽を奏する習慣を持っていたことが記され、その意義、ないし理由について次のように書かれている。

(意義、ないし理由の)ひとつは彼らがガーズィーであることだ。軍楽が奏されるのは、信仰のための戦の布告である。……もうひとつは、彼らが食客をかかえ、食卓と旗印とを有している(ことだ)。彼らは世の人々に食物を給する富の持ち主である。(小山皓一郎訳、一部改変)

つまりオスマンは、ガーズィーたちを食客として養っていたのである。そして彼がビザンツ側の領土を占領すると、ガーズィーたちに「村を与え、土地を与え、財物を与え」ていたことが、やはりその年代記には記されている。生粋《きっすい》、札付きのガーズィーもいただろうが、何らかの理由で家畜を失い、生きるすべを失ってガーズィーとなった者もいたのではあるまいか。そして養っているガーズィーを使って戦いに勝利すれば、噂を聞いてやって来るガーズィーも増えてくるだろう。こうして——たしかな史料的裏づけはないのだが——遊牧首長だったオスマンは、いつのまにかガーズィーたちを養い、彼らの戦力を用いてビザンツ側に攻撃を仕掛けることを日常とする集団の首領になっていったと、考えることができるのではないだろうか。

では次章から、いよいよそのオスマンに率いられた集団が、西方へ向かって発展してゆく様子を追ってゆくことにしよう。

第二章　ヨーロッパが震えた日々——オスマン帝国の発展

1　オスマン朝の興隆——ムラト一世とバヤズィト一世の時代

ビザンツ領への進出

オスマンが七〇名ほどの手勢を率いて初めてキリスト教徒定住民を襲ったのは、一二八四年の頃だったと言われている。アナトリアの東方には、まだルーム・セルジュク朝が生き延びていたし、カラマン君侯国をはじめとする種々のトルコ系勢力も発展を始めていた。さらにその東方にはモンゴルもいたが、オスマンの活動圏は混沌とした西北部辺境地帯にあった。

そうした辺境において、オスマンは近隣のキリスト教徒定住民との紛争、小競《こぜ》り合いを繰り返した。そして、そうした小競り合いのたびに、オスマンの手下となるガーズィーの数は膨れ上がっていったにちがいない。そうなれば、彼らに恩賞を与えるために、さらなる軍事行動が必要となる。オスマンの行動は、こうしてビザンツ勢力の駆逐をめざす、征服活動という性格を帯びることになっていったのではないだろうか。

さらに重要なことは、オスマンの下で働く部下、寄騎《よりき》、さらに盟友が、決してイスラム教徒に限られていたわけではなかったことである。たとえば、近隣の町ハルマンカヤのキリスト教領主であったミカエル——オスマン史料では「ひげなしミハル」(Köse Mihal) と呼ばれる——は、オスマンのよき同盟者であり、常にその軍の一翼を担いつづけた実力者であった。

彼らの働きによって、オスマンの存在とその活動はまもなくビザンツ帝国の知るところとなる。そして一三〇一年、これを排除すべくコンスタンティノープルから派遣されたビザンツ軍を、オスマンはバファエオン（コユンヒサール）で撃破した。以後オスマンはその勢力を、主としてマルマラ海方面へ向けて広げてゆく。

こうして拡大してゆくオスマンの集団は、イスラム教徒定住民の支持も受けていた。宗教的同胞結社の色彩も濃厚に持つ、自治的な都市職能集団の指導者《アヒー》たちが、地域の政治的統合と安定とを望んで、オスマンの集団に肩入れをしたと考えられている。オスマンは、一三二一年には西アナトリアにおけるビザンツ最後の拠点であったプロウサ（ブルサ）の外港モンタネイア（ムダニヤ）を占拠し、プロウサを完全に孤立させた。

ビザンツ帝国の内情

一三二六年に世を去ったオスマンの後を継いだ息子オルハン（一二八四？〜一三六二）は、ただちにプロウサを攻撃してこれを陥落させた。オルハン自身は、遊牧首長の伝統を引いてか、あるいは現実に各地で行なわれる戦闘に忙殺されてか、一ヵ所に落ち着いたり、まして宮殿を造ってそこに住むなぞということはなく、常に領内各地を動き回っていたと考えられるが、このとき手に入れたプロウサの町は、「ブルサ」と呼ばれ、その後長くオスマン国家の中心として機能し続けることになる。

これに対しビザンツ皇帝アンドロニコス三世（一二九六〜一三四一）は、この町を奪還するため一三二八年、自ら軍を率いて遠征を行なうが敗退する。さらにマルマラ海沿いに征服活動を続けるオルハンの軍によって、一三三一年にはニカエア（イズニク）の町が落ち、ビザンツはアナトリアの領土回復を最終的に断念させられる。オルハンはさらに、ニコメディア（イズミト）、スクタリ（ウスキュダル）と攻め込み、一三三八年、ついにコンスタンティノープルをボスフォラス海峡の対岸に見るにいたった。

こうした危機的状況の中で、一三四一年にアンドロニコスは世を去る。息子のヨハンネス五世（一三三二〜一三九一）は、一〇歳に満たない少年だった。その地位を、アンドロニコスの重臣であったヨハンネス・カンタクゼノス（一二九六〜一三八三）が奪うのではないかと懸念した人々によって、カンタクゼノスは「祖国の敵」として首都を逐《お》われた。だがカンタクゼノスは幼帝擁護を名目に、（ヨハンネス五世を正帝と認めた上で）自ら皇帝を宣言、支持者を集めて挙兵する。そして一三四四年に、アナトリアのエーゲ海沿岸で勢力を伸ばしつつあったトルコ系のアイドゥン君侯に、援兵の派遣を要請したのだった。同時に助勢を頼まれたセルビアとともに、アイドゥン君侯は兵を出し、代償にマケドニアでの掠奪を許されて多くの戦利品を獲た。しかしこの君侯が急死すると、カンタクゼノスは次にオルハンに援助を要請した。

これを承《う》けてオルハンは一三四六年、五五〇〇の手勢をつれてダーダネルス海峡を渡った。およそ半世紀前、父オスマンが初めてキリスト教徒定住民を襲撃した際には七〇であったその手勢は、いまやビザンツの内紛を左右するほどに膨張していたのである。オルハンの活躍によって、カンタクゼノスはアドリアノープル（エディルネ）でヨハンネス六世として即位。翌年にはコンスタンティノープルに入城した上で、娘を五世に娶《めあわ》せ、王朝の「家長」になりおおせた。このときの報償に、オルハンはガリポリ（ゲリボル）とトラキア方面での掠奪を許されるとともに、カンタクゼノスの娘テオドラを与えられた。こうして、ルーム・セルジュク朝の場合と同様に、オスマン家にもキリスト教徒ギリシア人の血が入り始める。

バルカンへの進出

そのころ、ビザンツ第二の都市テサロニキ（サロニカ）は、帝位をめぐる内紛の中で揺れ

ジョチ・ウルス
(キプチャク・カン国)
アゾフ海
カッファ
(ジェノヴァ植民地)
ティフリス
グルジア王国
黒 海
ジャライル朝
トレビゾンド
帝国
ジャンダル君侯国
アマスヤ
黒羊朝
タブリーズ
アンカラ
エレトゥナ君侯国
スィヴァス
ヴァン湖
ウルミエ湖
カイセリ
カラマン君侯国
白羊朝
ティグリス川
コンヤ
アルメニア王国
アレッポ
ユーフラテス川
キプロス王国
マムルーク朝
バグダード

リトアニア大侯国
ドナウ川
モルダヴィア侯国
ハンガリー王国
ベオグラード
ワラキア侯国
ボスニア王国
ニコポリス
ニシュ
ブルガリア王国
ラグーサ
ソフィア
アドリア海
アドリアノープル
スコピエ
ナポリ
ビザンツ帝国
セルビア王国
コンスタンティノープル
イズミト
ナポリ王国
テサロニキ
ブルサ
イズニク
オスマン朝
エスキシュヒール
エーゲ海
フォチャ
キュタヒヤ
サルハン
君侯国
ゲルミヤン
君侯国
アテネ侯国
アイドゥン
君侯国
キオス島
ハミド
君侯国
メンテシェ
君侯国
シチリア王国
アケーア侯国
アテネ
(ヴェネツィア植民地)
ロードス島
ヨハネ騎士団
クレタ島
地中海
14世紀中頃のアナトリア周辺図

ていた。カンタクゼノスを支持する貴族たちに対し、幼帝への忠誠を掲げて市民たちが暴動を起こして市政の実権を握ったのである。彼らはカンタクゼノスの成功を見ると、セルビア王ステファン・ドゥシャン（一三〇八～一三五五）に援助を求め、テサロニキの町をドゥシャンに譲り渡す。一三四九年のことである。驚いたカンタクゼノスは、再度オルハンに援助を求めた。オルハンは、今回は息子に二万の兵を与えてテサロニキを奪回させた。

さらに一三五二年には、成人に達したヨハンネス五世が岳父《がくふ》に背いて内乱が再発する。セルビアとブルガリアとを頼ろうとする娘婿に対し、カンタクゼノスは三たびオルハンに助勢を要請した。この内乱は、結局若くて血筋の正しいヨハンネス五世の勝利に終わるが、オルハンはその過程で、ガリポリ近郊の要塞に居座って足場を確保し、さらに五四年、大地震のために住民が退去したガリポリの町を占拠した。オルハンのこうした一連の動きは、東地中海におけるヴェネツィアの独占的地位の打倒を目指す、ジェノヴァの海軍力によって支えられていた。宗教の違いを無視したオスマン朝とジェノヴァとの結びつきは、こうした古い歴史を持っている。

オルハンによるトラキア占拠に抗議していたヨハンネス五世も、一三五六年にはコンスタンティノープルへの食糧搬入を妨害しないこと等を条件に、その征服すべてを承認することになる。オルハンは、多くのテュルクメンにダーダネルスを渡らせ、トラキアにトルコ系の人口を扶植《ふしょく》し始めた。こうした一連の動きを見聞きして、キリスト教世界では「トルコの脅威」が語られ始める。

ムラト一世の時代

一三六二年にオスマン朝の三代君主となったムラト一世（一三二六?〜一三八九）は、アナトリア土着のキリスト教徒ギリシア人を母として生まれていた。彼は、父オルハンの確立した基礎をさらに発展させ、バルカンの奥深く攻め入って、ヨーロッパにおける帝国の建設者となってゆく。

草創期において、オスマン朝はアナトリアに対して和平・融和策を採っていた。ガーズィーとしてイスラムの支配圏を広げることに戦う理由、あるいは自己の存在理由を見いだす人々の戦力に頼っていれば、それは必然であったろう。同じイスラム教徒の、同じトルコ系の人々と戦うことは極力避けて、ムラトはゲルミヤン、ハミドといった君侯国と婚姻などを通じて融和し、可能ならばその領土を平和裡に吸収していった。

一方、この時期アナトリアの中部以東には、ルーム・セルジュク朝の古都コンヤを中心に威勢を張るカラマン君侯国、スィヴァスを中心に、詩人としても名高い簒奪《さんだつ》者カドゥ・ブルハネッディンが広大な領域を支配するエレトゥナ君侯国、さらに東南部アナトリアに勃興した白羊朝《アクコユンル》など、オスマン家の支配に服することなぞ思いも寄らない、強大な諸勢力が存在していた。ムラトはこうした状況の中で、バルカン征服を進めると同時に、オスマン国家の支配体制の確立に努めたのであった。

初期オスマン朝の支配体制

オスマン、オルハンの支配体制は素朴なものだった。そこでは行政と軍事とが未分化なま
ま、テュルクメン部族やキリスト教徒の——あるいは改宗した——有力者たちに担われてい
た。「国家」の方針はこれらリーダーたちの合議によって定められ、オスマンもオルハン
も、その第一人者、あるいは調停者にすぎなかったと考えられる。
だが、領土の拡大につれ、ことにそれがバルカン側に広がってゆくにつれ、そうした部族
の組織や慣習の援用では間に合わなくなってくることは明白だった。オルハン時代の末から
ムラトの時代に、こうして統治組織が整えられてゆく。その際に、中央アジア以来のトルコ
系諸国家の伝統に、イスラムとビザンツとの影響が大きく加わったと考えられる。
トルコ族自体がイスラムを受容して日も浅く、シャーマニズム的要素を色濃く残していた
——すなわち異教的様相が濃かった——上に、オスマン朝はビザンツのお膝元であるアナト
リアで、土着の要素と混淆《こんこう》しながら誕生、発展したため、アナトリアのイスラム、ことにテ
ュルクメンの流入とともに中央アジアやイランから入り込んだスーフィーたちが組織した神
秘主義教団には、キリスト教的な儀礼も影響して、非常に異教的色彩が強かったと言われて
いる。であるにもかかわらず、オスマン朝は、正統派イスラムに従い、それを広げることを

国家の存在理由として立っていた。ビザンツを早い時期から脅かしていたブルガールやオグズ、ペチェネグなどのトルコ系遊牧民が、土着の社会に早々と同化、吸収されていったのに対し、アナトリアのトルコ系社会がその道をたどらなかったのは、中央アジアから次々と人的要素の供給があったことと並んで、こうした普遍宗教の存在が大きく作用したからにちがいないと思われる。

スルタンの国事が煩雑になるにしたがい、イスラム国家で広く行なわれていた宰相《ヴェジール》の制度がオスマン朝でも採用された。当初はスルタンの代理として政務に当たる職であった宰相には、のちに職務内容別に複数の有力者が任命され、ムラト一世の時代には、彼らによる御前会議が政策の最高決定機関となっていった。

また、イスラム法の施行が「イスラム国家」としては必須であった。だが、アナトリア西部辺境にはイスラム法に精通した学者、知識人（すなわちウレマー）を育てる土壌は存在していなかった。そこで必然的に、アナトリア中部以東の先進地域出身のウレマーが登用され、司法官として重要な役割を果たすことになった。彼らの中には、さらに行政官として、場合によっては軍事権も掌握する大宰相《サドラザム》として活躍する者も現われた。こうしてウレマーたちは、初期オスマン朝国家の確立に重要な役割を演じていったのである。さらにウレマーは、一四世紀も末近くになると、アナトリア以外のイランやシリアからも積極的に集められるようになる。しかし、イランを本拠にしたかつてのセルジュク朝とは異なり、一二世紀以上におよぶ「トルコ化」の歴史を持つアナトリアで興隆したオスマン朝が、イラン人官僚によって統治されたり、ペルシア語を「公用語」としたりすることはなかった。

ムラト一世はこうした諸制度を整備しながら、「有力者たちの第一人者」から、集権化された国家の絶対的な統治者への脱皮を図っていったと思われる。そして、そうした絶対的権威を持った君主像の形成には、ビザンツの影響が大きかったと考えられる。父オルハンと同様、ムラト一世もビザンツ皇女を妻に迎えていた。彼女たちと、それに扈従《こしょう》してきた者たちはそのままキリスト教徒としてオスマン宮廷に留まっていた。スルタンの絶対化と隔絶化をはじめとする宮廷儀式や、さらに中央政府や地方統治の実際にまでも、こうした、ビザンツの伝統を引く人々の影響を考えるのは、自然なことであろう。

イェニチェリの登場

ムラト一世の時代には、軍隊もしだいに整備されていった。元来オスマン軍は、最初期からのガーズィー集団を除くと、部族単位に組織され、族長に指揮されるテュルクメン騎兵が主力であった。彼らの武器は弓矢と槍であり、報償は掠奪品だった。この体制には、二つの欠陥があった。

第一は、強固な要塞に守られたビザンツ領諸都市の征服に、軽装騎兵が不向きなこと。そして第二は、常に戦利品を求める彼らの志向が、ビザンツをはじめとするバルカン諸国と政治的な交渉も行ない、国内に確かな支配体制を敷こうとするスルタンの思惑と両立しにくいことであった。こうして、セルジュク朝の場合と同様、オスマン朝も「脱テュルクメン化」あるいは「脱ガーズィー化」を図ることになる。

ガーズィーたちは辺境へ送られ、尖兵《アクンジュ》としての役割を与えられた。その役割は、不正規兵として敵地への襲撃を敢行して掠奪を行ない、正規軍の侵入を容易にすることだった。彼らはまた、のちには正規兵の入り込みにくい地域や抵抗の激しい地域にも送り込まれることになる。その結果、オスマン支配をすんなりと受け容れた地域にトルコ系住民が少ないのに対し、頑強な抵抗のあったところにむしろ多いという現象が生じることになった。

そしてこのように、オスマン軍の主力からガーズィーをはずすなら、当然それに代わるものが必要になるだろう。常備軍団としてスルタンの統制下におかれた徴募兵の軍が、まず歩兵、騎兵いずれにおいても編制された。だが、より強大、かつ絶対的な忠誠心を持つものとして、やがてイェニチェリ（近衛歩兵）が登場することになる。人員は、デヴシルメと呼ばれるキリスト教徒子弟の強制徴発によって供給された。こうしたキリスト教徒の強制的な徴用は、すでにアナトリアのトルコ化、イスラム化の過程でも見られていたが、ムラト一世はこれを、オスマン軍の中核を形成するための制度に練り上げようとしたのだった。

支配下のキリスト教徒（多くはギリシア正教徒）のうちから一定戸数（たとえば四〇戸）に一名程度の男童を徴発し（ちなみに「デヴシルメ」はトルコ語で「集めること」を意味す

イェニチェリたち
(T. C. Kültür Bakanlığı, *Gravürlerle Türkiye*, 1997, ANKARA)

る)、イスラムに改宗させたのち、あるものは選抜してスルタンの宮廷で訓練を施《ほどこ》し、また多くは数年間アナトリアの農村部で種々の労働に従事させたのち、近衛歩兵としてのイェニチェリに登用していったのである。これは、かつてトルコ族がイスラム世界へ参入する重要な経路であったマムルーク(奴隷兵)の、オスマン版であると言うことができるであろう。マムルークの場合と同様、彼らは名目上は君主の「奴隷」であったが、実際には、君主との間に擬似的血縁関係を結んだ者、すなわちほとんど「養子」であり、したがって彼らは国家の支配階層に属し、給与を支払われた。

一方テュルクメン騎兵は、ティマール制を通してスルタンの統制を受けるように組織されていった。ティマールは、軍事奉仕義務の代償に徴税権が与えられる土地のことであり、個々の騎兵（スィパーヒー）に直接スルタンから授与された。ティマールの授与に際しては検地が行なわれるから、その管理を通じてテュルクメンたちもしだいに「国家」の体制のなかに組み込まれてゆくことになる。なお、スィパーヒーたちのなかにはキリスト教徒も存在した。征服された土地の軍人で、有能と認められ、かつ信頼できると見なされた者は、——イェニチェリがイスラムに改宗させられていたのとは対照的に——キリスト教徒のままでティマールを与えられ、支配階層の一員となったのである。もちろんその中には、のちに改宗する者もいたと思われるが、プロローグで述べたように、改宗せずに改名するような人物もまた現われるのである。

コソヴォの戦い

ムラト一世は一三六二年、コンスタンティノープルとドナウ川との間の最重要拠点であったアドリアノープル（エディルネ）を征服した。ビザンツとバルカン諸国との連絡を断つための、大きな布石であった。エディルネはこれ以後、オスマン朝のバルカン支配の拠点となってゆく。危機を感じたセルビアは、ボスニア、ハンガリーと結んでその奪回を図るが、ステファン・ドゥシャンの死後分裂していたセルビアに、かつての力はなかった。ムラトはこの連合軍を、一三六四年にエディルネ近郊のマリツァで撃破して、その力を見せつけた。

ビザンツ皇帝ヨハンネス五世はこうした状況を見て、ヨーロッパへおもむき救援を要請する。危機感を募らせたヨーロッパは、一三六六年末にローマ教皇が十字軍を呼びかける教書を発した。この教書には教皇印（bulla）が押され、大勅書の形式がとられていた。ヨハンネス五世はさらに六九年にはローマへ入り、カトリックとの合同をすら交換条件にして援助を求めた。しかし一三七一年、反撃に出たセルビア軍が再びマリッツァ近郊でオスマン軍に一蹴されると、皇帝は七三年に自らムラトへ使者を送り、その属国となることを申し出たのだった。その結果、皇帝の次男マヌエル（一三五〇〜一四二五）はスルタンの宮廷へ人質として差し出され、その後のオスマン軍によるバルカン征服戦にも参加して、いく度も手柄を立ててゆくことになる。さらにのち、ビザンツではヨハンネスとその長子アンドロニコス（四世）との間に帝位をめぐる争いが起こるが、アンドロニコスの即位（一三七六年）も、ヨハンネスの復位（一三七九年）も、いずれもがオスマン軍の力を背景に行なわれるのであった。

ビザンツのこうした状況を目のあたりにして、バルカン諸国は相次いでオスマンの属国となってゆく。一三八五年にはソフィア、八六年にはニシュが陥落した。それに対して十字軍の組織をあきらめない教皇とヴェネツィアは、ムラトの矛先をバルカンからそらすため、アナトリア中南部に拠って新興国の発展を苦々しく見守っているカラマン君侯国に使者を出し、オスマン領に対する背後からの攻撃を要請する。

そしてカラマンの攻勢にオスマン軍がその主力をアナトリアへ向けている間に準備を整え

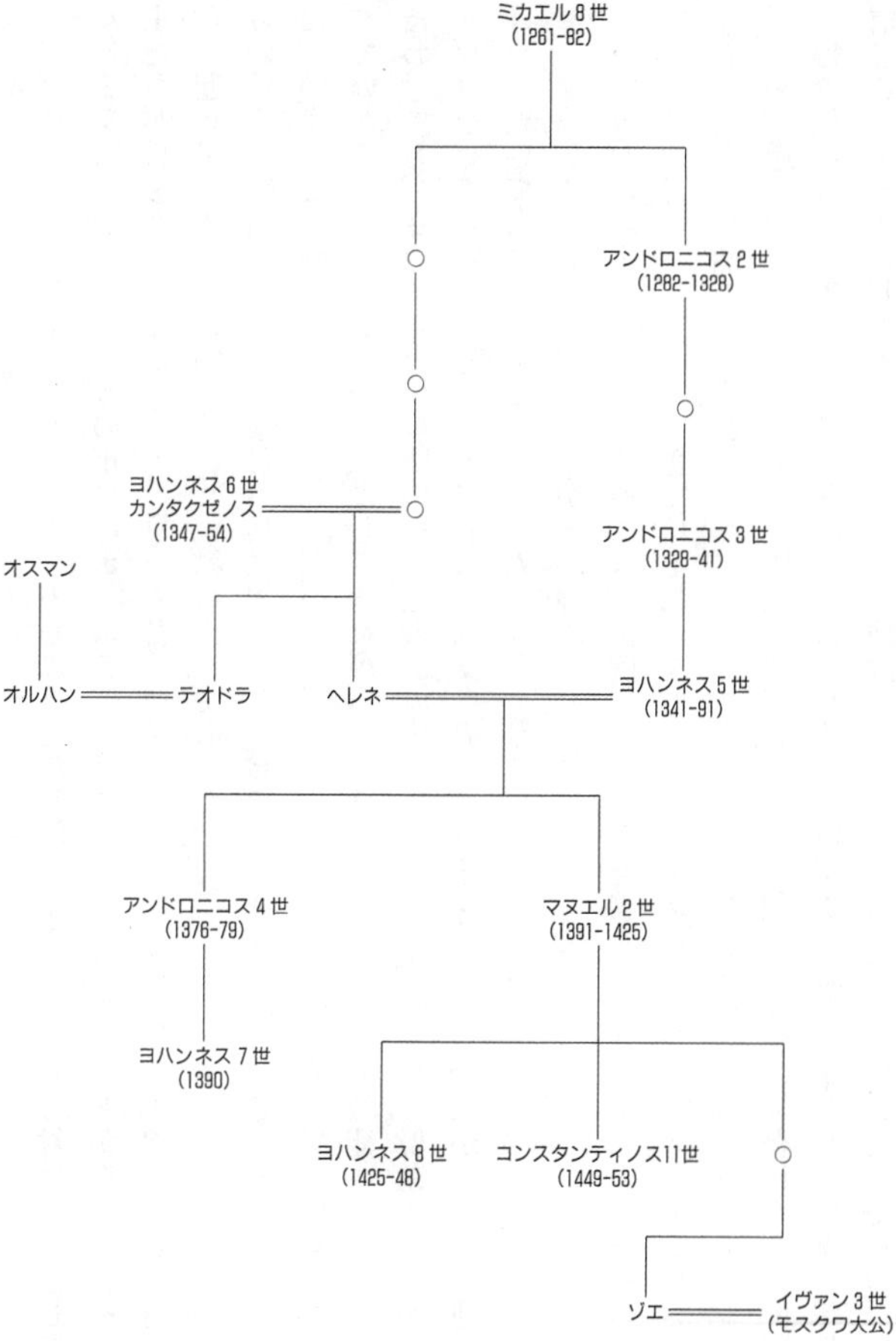

ビザンツ帝国パライオロゴス朝略系図

て、バルカン勢はセルビア王ラザルを中心に一三八九年、オスマン軍との対決をめざしてセルビアを南下した。ラザルの軍にはボスニア、ワラキア、アルバニアなどから、それぞれ君主たちが兵を率いて従軍し、（史料により異同はあるものの）その数およそ一〇万と言われた。迎え撃つオスマン側はせいぜい総数六万であった。そこには、アナトリアの諸君侯国からの兵や、属国ブルガリアなどの兵に加え、セルビアでラザルに敵対する諸侯も参陣していた。つまりこの戦いが、「ヨーロッパ対トルコ」と単純に割り切ることのできない一面を持っていたことは明らかだった。ましてそれが「イスラム教徒対キリスト教徒」の戦いであったわけでも、さらに、近代以降の民族主義的歴史観に基づいて主張され、現在においてもコソヴォをめぐる紛争の報道などでしばしば受け売りされる「セルビア民族が民族の命運を賭けた」戦いであったわけでもない。ムラトと、さらに次のバヤズィト一世の時代、オスマン軍にはむしろキリスト教徒の方が多かったと言われているのである。

バルカンの諸王（あるいは諸侯）は、国内の権力闘争を勝ち抜くために、あるときはオスマン軍に敵対し、またあるときにはそれに味方をしたのであった。そしてオスマン側は、こうした人々を平然と受け入れていた。そうした態度は、千数百年の昔、匈奴が漢人を利用して以来、遊牧国家がとり続けてきた態度と共通していた。種々の部族の連合体を、支配部族の名である匈奴の名で呼んだように、オスマン朝も、種々の言語を母語とし、種々の宗教を信じる人々を糾合した国家の名として、建設者オスマンの名が冠されていたのである。

南セルビアのコソヴォで繰り広げられた遭遇戦はきわどいものだった。セルビア側の放った刺客が、ラザル軍の配置を密告すると偽ってムラトの幕舎へ入り込み、これを刺し殺したからである。だが、ほとんど決定的瞬間における父の不慮の死という重大な危機を、息子のバヤズィト（一三五四?～一四〇三）がよくしのいだ。バヤズィトは父の死を秘して戦いを指揮し、オスマン軍を勝利に導いたのである。ドナウ川以南における最後の組織的抵抗が、こうして粉砕された。東南ヨーロッパにおいてオスマン軍に対峙しうる勢力としては、もはやハンガリーが残るのみだった。

バヤズィト一世の登場

バヤズィトは、祖母だけでなく、母親もキリスト教徒のギリシア人だった。彼は、バルカンへの侵攻に加え、オスマン朝がイスラム世界の覇者となるために避けて通れない、アナトリアでの本格的な征服戦も開始した。さらに彼は、デヴシルメによってバルカン方面から徴集された男童を、兵士（イェニチェリ）として使うだけでなく、官僚としても登用することを始めて、オスマン朝のその後の発展に、確かな道筋をつけることになる。スルタン個人に忠誠を誓う官僚と強力な常備軍とに支えられた絶対君主となることで、バヤズィトはオスマン朝のさらなる発展をめざしたのである。

彼はまず、コソヴォで国王ラザルが敗死していたセルビアの処置を決定しなければならなかった。バヤズィトは、ラザルの息子に臣従を誓わせ、貢納と軍隊の供出とを代償に、セルビアにおけるその支配権を認知することにした。次いでボスニアとワラキアとを攻撃して従わせたバヤズィトは、一方でスコピエも攻略してマケドニア高地の征服を完成した。そしてこの地に多くのテュルクメンを移住させてセルビアへの抑えとし、さらに彼らをアルバニアへも侵攻させたのだった。

一方コソヴォ戦の翌年、バヤズィトは、ヨーロッパ勢力の働きかけに応じてオスマン朝の背後を脅かしたカラマン君侯国に対して、初の討伐軍を起こした。テュルクメンを使っての「同士討ち」を避け、この戦いにはセルビア、ビザンツなどの属国軍が使われていた。

バルカンの新情勢とニコポリスの十字軍

バヤズィトがアナトリア作戦を始めると、老いた皇帝ヨハンネス五世はコンスタンティノープルの城壁修復などにとりかかった。そしてヨハンネスが一三九一年に世を去ると、スルタンの人質となっていたマヌエルがコンスタンティノープルへ逃げ帰り、マヌエル二世として即位した。これに対してバヤズィトがコンスタンティノープル包囲で応えると、新皇帝はオスマンに対する融和策を復活させ、バヤズィトの軍事行動に自ら軍を率いて参加することで、スルタンへの恭順の意を示そうとした。さらにこのときマヌエルは、コンスタンティノープルにイスラム教徒居住区やイスラム法廷などを設置することも受け容れたのだった。

こうしてビザンツが完全に膝を屈したあと、バルカン側に残る唯一の強国がハンガリーだった。ダルマツィアからベオグラードまでを直接支配下に置き、バヤズィトに臣従したワラキアにも同時に宗主権を認めさせていたハンガリーをこの時期支配していたのは、ルクセンブルク家のジギスムント（一三六八〜一四三七）だった。一四一一年には神聖ローマ皇帝となり、コンスタンツの宗教会議でボヘミアのフスを処刑することになるこの国王は、「キリスト教世界防衛」の強い意欲に燃えていた。

こうした状況の中で出されたローマ教皇の呼びかけに応じて、一三九六年に十字軍が組織される。この年の春、遠くイングランドやスコットランドからの兵も含め、ボヘミア、ポーランド、イタリア、スイスなど、各地からやって来た兵を首都ブダに集結させたジギスムントは、ベオグラードからセルビアを東進し、ドナウ川流域の拠点ニコポリスを包囲した。これに対しバヤズィトは九月、統制もとれずに拙劣な作戦を採るこの十字軍を、完膚《かんぷ》なきまでに叩いて敗走させたのだった。

十字架を掲げて進んできた大軍を一蹴したことで、オスマン朝のイスラム世界における威信は高まるが、それより興味深かったのは、十字軍通過の際のバルカン領キリスト教徒の態度だった。カトリック教徒のギリシア正教徒に対する不信と憎悪とには抜きがたいものがあったし、またその逆も真であった。軍規の厳正なオスマン軍とは対照的に、正教徒住民に暴行、掠奪を働く十字軍兵士の理不尽が、現地の正教徒によって書き残されているという。その後も繰り返し押し寄せてくる十字軍に対し、バルカンの正教徒住民の態度は概して冷淡であり、むしろオスマン側への情報提供などがなされることになる。

キリスト教徒の生きる道

オスマン朝の進出にともなって、バルカン側では難民が発生し、人口の移動が起こった。ブルガリア人、セルビア人などが北方、あるいは西方へ動き、ことにセルビア人のハンガリー南部への移動は顕著だったと言われる。また都市住民の農村部、山岳部への待避も見られた。そしてアナトリアからはテュルクメンの集団が送り込まれて定住化され、また都市の職人、商人も政策的に移住させられた。

だがそうした変動、あるいは混乱は、一一世紀以降のアナトリアと比べればはるかに小さなものだったと思われる。オスマン朝はすでに確立した勢力であり、さらに一一〜一二世紀におけるビザンツ帝国ほどの対抗勢力が、バルカンには存在していなかったからである。オスマン軍の征服はすみやかに行なわれ、征服後の支配体制もまたすみやかに確立されていった。またオスマン側に、バルカン住民を改宗させようとする意図は、基本的に存在してはいなかった。また「カエサルのものはカエサルに」と述べた「神の子」を信奉するキリスト教会は——少なくとも東方の諸教会は——異教徒への貢納を、当然のこととして受け容れることができた。たしかに、貢納義務の軽減や社会的地位の上昇を動機としたり、あるいは婚姻に起因するイスラムへの改宗は行なわれたが、そうした融合も、短期間に急激になされたのではなく、徐々に進行したものだったと考えられている。

キリスト教徒たちは、基本的に征服以前の共同体組織や制度をそのまま保持し、貢納義務の見返りに、信仰の維持を含んだ従来の慣習に基づく広汎な自治を認められた。また、治安の維持や幹線道路の警備などの任務を負う代わりに、免税や武器携帯の特権を与えられた――つまり支配階層として認められた――キリスト教徒も多数存在した。こうしてバルカン住民は一五世紀に入ると、オスマン支配のもとで、かつてない経済的な繁栄の時代を迎えることになる。そうした繁栄と安定は、おそらくバルカンとアナトリアに共通のものだったろう。イスラムとキリスト教諸宗派を信奉する種々雑多な人々が共生するという意味でも、バルカンはアナトリアと共通した性格を持った社会になっていったのだと思われる。

また、そのような安定を示す以前においても、バルカン住民には大きな機会が開かれていた。一四世紀の段階で、オスマン側に宗教の違いに大きなこだわりはなかったと考えられるからである。ムラト一世、バヤズィト一世時代のオスマン軍にキリスト教徒がむしろ多かったのは、単に属国からの派遣軍が多かったからだけではなく、先にも記したように、被征服地の軍人が、有能でかつ信頼に足ると認められれば、キリスト教徒のままでオスマン軍人とされることが多かったからでもある。

一四世紀中頃にテサロニキ（サロニカ）の主教だったグレゴリオス・パラマスが書き残し

たところによれば、「トルコ人」たちはキリスト教を、同じ一神教の仲間、究極的にはイスラムと一致しうる宗教とみなしていた。この認識は、キリスト教徒には驚きであったかもしれないが、現実には両者はともにセム的な一神教であったし、イスラム側から見れば、イエスもまた神によって地上に送られた預言者——ただしより不完全な——のひとりだったから、パラマスの記述は、ことの本質を鋭く衝いているものだったのである。したがって、イエルサレム巡礼を果たしたキリスト教徒はメッカへ行って来たイスラム教徒と同じ「ハジュ」としてイスラム教徒からも敬意を表されたし、またキリスト教徒のままでオスマン軍の騎兵《スィパーヒー》となり、給与の代わりに分与地《ティマール》の徴税権を与えられる例が、一六世紀中頃になっても——地域によっては一八世紀にすら——見られることになるのである。

そして、征服時にオスマン朝の支配的階層に入り込めなかったキリスト教徒に残された道の一つが、デヴシルメだった。男童の強制徴発は、一面確かに冷酷無情な制度であったが、一方でこれを「出世の道」と見ている人々もいて、彼らは徴発を期待して宮廷に働きかけたり、あるいはデヴシルメから漏れた場合は、有力者の家に自ら「奴隷」として入り込もうとしたりしていたのである。

いずれにせよ、異質なもの、自分にはない才能や技術を持ったものを進んで受け入れ、利用しようとする、匈奴以来の遊牧民に共通するこうした柔軟さが、オスマン朝の大きな発展と強さとを、その根底で支えていたということができるように思われる。

2　世界帝国への道——メフメット二世とコンスタンティノープル征服

ティムールとの対決

イスラム化し、トルコ化したモンゴル族の一員としてサマルカンドの南で生まれたティムール（一三三六〜一四〇五）が、一三七〇年にマーワランナフルを統一したのち、絶え間ない征服戦争を行ないながら初めてアナトリアにその姿を現わしたのは、一三九四年のことだった。敵対するマムルーク朝スルタンを意識しながらアナトリアへ入り、その東南部を進軍するティムールに対し、このとき、カラマン君侯国をはじめとする反オスマン勢力は、「キリスト教に傾斜する」オスマン・スルタンに対抗する自陣営への援助を要請した。

確かに、その体内にキリスト教徒ギリシア人の血が四分の三ほど流れているバヤズィトの宮廷にはキリスト教徒が多く仕え、さらにアナトリアでの軍事行動ではビザンツをはじめとするバルカンの属国軍が使われていた。だがそれは、遊牧トルコ国家の伝統にも、またおそらくイスラム国家の伝統にも反しているわけではなかった。したがって、カラマンのこうした動きに対してバヤズィトは、ティムールの侵入に危機感を抱く諸君主と同盟を結んで備えることができた。だがティムールは、アナトリア諸君主のこうした動きをよそに、ほどなく中央アジアへ軍を返し、九八年にはインド遠征を試みることになる。

こうして一息ついたバヤズィトは、ニコポリスでジギスムントを破ってバルカン支配を固めたが、その隙にカラマン君侯国はオスマン領の背後を衝き、アンカラを奪取してさらにブルサへ向けて進軍を始めた。バヤズィトは急ぎ軍を返して失地を回復し、さらに大規模な軍事行動を展開して、世紀末近くには、カラマンなど、わずかの敵対国を残して、アナトリアのほぼ全域を支配下に入れることに成功したのだった。バヤズィトのこうした獅子《しし》奮迅《ふんじん》、東西を駆ける活躍ぶりは、彼に「稲妻王」(Yıldırım《ユルドゥルム》)の異名を与えることになる。

だが一四〇〇年春、ティムールが再び現われる。バヤズィトに討たれたばかりの諸勢力はこぞってティムールを頼った。その後、ティムールはマムルーク朝攻撃などで時を費《つい》やしたが、ついに一四〇二年七月にいたって、バヤズィトとティムールはアンカラ近郊で激突した。数で劣るオスマン側は、タタール兵の裏切りなどで浮き足立ち、インドの象部隊まで備えていたティムールの大軍の前に壊滅した。バヤズィト自身は、世継ぎのスレイマンが戦線を離脱するのをセルビア兵とともに助けていたが、結局息子のひとりムーサとともに囚《とら》えられるという、最悪の事態となった。バヤズィトは、その後檻に入れられて連れ回されたとも、また丁重なあつかいを受けたとも言われるが、いずれにせよ翌年、虜囚《りょしゅう》のまま、その劇的な生涯を終えることになる。

こうして、バルカンとアナトリアで急激な成長を遂げたオスマン朝は、また一気に瓦解の危機に瀕することになったのである。

空位時代のオスマン朝とヨーロッパ

ティムールはアナトリアの奥深く入り込んで掠奪を行なったのち、カラマン君侯国をその盟主に据えて軍を返した。その後アナトリアとバルカンを舞台に、オスマン家の遺児たちの間で後継をめぐる内紛が一〇年余りにわたって続けられることになる。それはヨーロッパにとって、またとない好機となるはずだった。だが彼らはもはや、自ら進んでオスマン朝を撃退するだけの力と覇気とを備えてはいなかったのである。

まず長男のスレイマンが、エディルネに健在だった。彼はアンカラ戦から離脱することに成功し、本拠地へ戻っていたのである。スレイマンは重大な危機の中で、マヌエル二世をはじめとするバルカン側の諸君主に接近して、自治の承認、領土の返還などを条件に、その支持と協力とを取り付ける道を選んだ。こうしたスレイマンの動きに対し、アナトリアにいた弟たちは、異教徒に大幅な譲歩をした長兄を討つために、オスマン朝のガーズィーとしての伝統を強調して自分たちの行動の名分とした。そしてその名分を掲げてトルコ系有力者の支持を得た彼らは、「エディルネの不信仰者」（スレイマン）を討つべく、あるいは協力し、あるいは競合してゆくことになるのである。

まず、北アナトリアのアマスヤに拠っていたメフメットが、ブルサにいた弟イーサを叩いた。イーサはコンスタンティノープルに亡命する。マヌエル二世にとってイーサは、オスマン家を分裂させておくための恰好の道具だったが、スレイマンにとってもこれは、メフメットを抑えるために使える願ってもない駒だった。スレイマンは一四〇四年、イーサに軍を与えてアナトリアへ送った。しかしイーサの消息は間もなく絶え、その軍はメフメットの支配下に入る。オスマン朝はこうして、アナトリアとバルカンとに二分され、その分断は恒久化するかに見えた。バルカン諸国は、確かに一息つくことができた。

だが統一を望むスレイマンは同じ年、アナトリアへ渡ってメフメットを破る。メフメットはアマスヤへ下がってカラマン君侯国と結んだ。カラマンを敵に回しては、スレイマンも積極的な作戦を採ることができなかった。さらにメフメットは一四〇九年になると、スレイマンの背後を衝かせるべく、スレイマンの強大化を恐れているはずのバルカンへ、いま一人の弟ムーサを送った。この弟は、ティムールの捕虜となったのち解放されてアナトリアへ戻っていたのである。ムーサはセルビア、ワラキアなどと通じ、さらにワラキア王の娘と結婚したのち、バルカン諸国軍を率いてエディルネへ向かった。それを知ったスレイマンは一四一一年二月、コンスタンティノープルへの逃走を図り、しかし途中で殺害される。こうしてメフメットが父の後継者となるかに見えた。だがこののちムーサは兄への忠誠を捨て、自ら即位を宣言してその名を刻んだ貨幣まで鋳造《ちゅうぞう》させるにいたる。再びオスマン朝はアナトリアとバルカンとに分断された。

ムーサはトルコ系有力者や辺境のガーズィーたちの支持を得ようと、スレイマンがバルカン諸国に返還していた領土を奪い返してコンスタンティノープル包囲も行なった。これを見たメフメットはマヌエルと交渉してその支持を得、一四一三年七月にソフィア近郊でムーサを討って内戦を終結させた。ビザンツをはじめバルカン諸国は、結局、そろって最大の脅威の復活に手を貸したことになるのだった。

ムラト二世の改革

スルタンとして即位するために、メフメット一世（一三四七～一四二一）はトルコ系有力者や辺境のガーズィー、さらにキリスト教諸国など、ありとあらゆる勢力に頼って戦ってきた。即位後彼は、自己の権力を確立するため、それら諸勢力の中から、特にチャンダルル家をはじめとするトルコ系有力者を優遇する道を選んだ。そして父バヤズィトの時代に大きな影響力を持っていたキリスト教徒の勢力はオスマン宮廷から逐《お》われ、デヴシルメ出身者も抑えられた。一方アナトリアでの征服活動は抑制され、アナトリアには様々な勢力が割拠した状態が続いた。

一四二一年にメフメットの後を継いだムラト二世（一四〇二～一四五一）は、即位直後に「伯父」ムスタファの叛乱に直面する。ムスタファは、たしかに父バヤズィト一世とともにアンカラでティムールと戦い、捕虜になっていたと思われる。だが、やはり捕虜となり、その後解放されてアナトリアへ戻ったムーサと違って、ムスタファのその後の消息は知られていなかった。「解放された」と主張するこのムスタファは、したがって「偽ムスタファ」(Düzme Mustafa)と称されることになる。「弟」メフメット一世の即位を認めずに決起し、しかし敗れてコンスタンティノープルへ逃れていたこの真偽不明瞭な人物は、今回もビザンツの支持を受けてエディルネに拠り、ブルサを拠点とする「甥」のスルタン、ムラトと国土を二分する形勢を作り出したのである。

「偽ムスタファ」は、バルカン諸国のほか、辺境のガーズィーたちからも支持を得ていた。つまり、バヤズィト一世までのオスマン朝の急速な拡大の中で否応《いやおう》なく押さえ込まれてきた諸勢力が、オスマン権力の突然の消滅によって解放を味わい、しかしそれが復活してきた今は、少なくともその中央権力からできる限り自由になりたいと望んで、中央に敵対するこの叛乱を、こぞって支持していたように見えるのである。したがって、大げさに言えば「国家の正統性」自体を問われた恰好のムラト二世は、翌年この叛乱を鎮圧すると、それまでバルカン領で採用されてきた間接支配体制を改めて、できる限り直接支配地を広げようと試みることになる。また、一貫して彼を支えてきたトルコ系有力者を優遇すると同時に、スルタンにのみ忠実なデヴシルメ出身者も取り立てて、これに対抗させようとしたのだった。

ムラト二世の時代にはウレマーの数も増え、イスラム法の担い手としての彼らに支えられたオスマン朝の支配体制も、ようやく整ってゆく。しかも初期の時代とは異なり、ムラトの時代にはウレマーの教育がオスマン領内で十分に行なわれるようになったため、もはやウレマーを先進地帯から招いたり、あるいは留学に出したりする必要もなくなっていった。オスマン朝が、しだいに成熟へ向かって形を整えつつあったと言うことができるであろう。

再編された十字軍を破る

こうして着実に復活してくるオスマン朝に対しビザンツでは、マヌエル二世の共治帝となっていた息子のヨハンネス八世（一三九二〜一四四八）が、イタリアへおもむいて救援を要請する。ヨハンネスは一四三九年、フィレンツェで東西教会の合同を宣言して十字軍を呼びかけた。その中心となるべきハンガリーは、ジギスムントの死後国内が混乱し、もはや十字軍を指揮する力を持っていなかったが、そうした中で、ハンガリー王の血を引くトランシルヴァニア侯フニヤディ・ヤーノシュ（一三八七?〜一四五六）が、一四四一年から四二年にかけてオスマン軍を立て続けに破り、ヨーロッパ内でその名声を高めていた。十字軍を成功させる指導者がついに現われたという熱狂の中で一四四三年、ヨーロッパ諸国からの兵にハンガリー軍、セルビア軍を加えてフニヤディは進軍を開始した。十字軍はバルカンのオスマン正規軍を撃破してブルガリアへ侵入し、ソフィアも攻略する。冬の到来にともなって、フニヤディはイスラム教徒の捕虜たちを殺害していったん軍を返したが、ヨーロッパ各地からは十字軍の成功を予感してさらに兵士が集まり、一方オスマン国内ではガーズィーたちの間

フニヤディ・ヤーノシュ
(Hegyi & Zimányi, *The Ottoman Empire in Europe,* 1989, BUDAPEST)

に、有効な迎撃態勢を整えられなかったムラトの引退を求める声があがり始めた。

　翌一四四四年、ムラトはセルビア王の仲介でフニヤディと和議を結び、直後に引退して弱冠一二歳の息子メフメットに位を譲った。尚武の気性を、ガーズィーたちに期待されていたと言われるメフメット二世（一四三〇〜一四八一）である。だが、異教徒との和約に制約される必要はないとする教皇側の呼びかけにより、十字軍が再び来襲する。教皇の和約違反を訝《いぶか》って、今回セルビア王はこれに加わらず、オスマン側に情報を送る役割を果たした。若いメフメットに代わって再度指揮をとることになったムラトに率いられてオスマン軍は、ジェノヴァ海軍の援助でアナトリア軍を速やかにバルカン側へ移し、ブルガリアの黒海沿岸、ヴァルナにおいて十字軍を撃破した。

　ビザンツの命運は、事実上このとき尽きたのであった。

　一方ムラトは、ギリシア、ブルガリアをほぼ完全に直接支配下においてティマール制を施行した。ティマール制の施行には検地がともなうから、ギリシアとブルガリアはこの時以来、おおよそ中央政府の統制下に入ることになった。さらにムラトは、一四四八年に三たび組織された十字軍を、セルビアのコソヴォで一蹴してドナウ川以南のオスマン支配を再確立した。さらに彼はワラキアにも改めて宗主権を認めさせ、憂いを完全に断ってから一四五一年に世を去った。

一九歳になっていたメフメット二世が再即位する。

コンスタンティノープルの征服

メフメット二世の即位後も、政治の実権を握っていたのはいまだにトルコ系の有力者、特に父ムラトの時代から大宰相の地位にあったチャンダルル家の当主ハリルであった。メフメットはデヴシルメ出身の（したがって血筋的にいうならギリシア系やセルビア系の）側近に補佐され、また同じくデヴシルメ出身のイェニチェリたちの力に支えられて、スルタン権力を絶対的なものにしたいと望んでいた。新たに征服戦争を行なうことは、そうしたスルタンの「奴隷」身分の軍人たちに、さらに力を与えることになるから、チャンダルル・ハリルはこれに反対だった。したがって即位直後、この老練の大宰相の影響下に若いスルタンは、ビザンツやヴェネツィアをはじめとするキリスト教諸勢力と友好を確認し、あるいは平和条約の更新を行なった。だがメフメットはハリルを抑え、一気に輝かしい軍事的成功を収めるべく、コンスタンティノープル征服を計画していた。

コンスタンティノープルはローマの首都。そしてローマこそは、キリスト教もイスラムも、その中から生まれ育った地中海世界の王者であった。こうした認識があったからこそ、イスラム勢力はその最初期からこの町を包囲し、征服しようと試みてきたのだった。その町を征服することができれば、オスマン朝と、その支配者メフメットの勝ち得る栄光は計り知れないものになるであろう。

大宰相の反対を押して、そしてビザンツ側の抗議を無視してメフメットは即位の翌年、コンスタンティノープルの北一五キロほどの地点に要塞（ルーメリ・ヒサール）を突貫で建設させた。建材の不足は、近隣の教会や修道院を破壊することでおぎなわれた。要塞の完成でコンスタンティノープルは黒海との連絡を遮断《しゃだん》され、オスマン軍はアナトリア側からの迅速かつ安全な兵員の移動を保証された。

同じ頃、ウルバンというハンガリー人の技術者がコンスタンティノープルを訪れ、その大砲製造技術を売り込んでいた。スルタンの首都攻撃の意志はもはや明らかだったが、皇帝はウルバンの申し出を受け入れなかった。そこでウルバンはその足でエディルネへ向かい、スルタンに同様の申し出をした。スルタンは彼に十分すぎるほどの援助を与えて大砲を製造させ、数ヵ月後にオスマン軍は「バビロンの城壁でも爆破できる」巨砲を手に入れたのだった。

実際、この頃オスマン朝はヨーロッパのさまざまな火砲製造技術を採り入れ、これに改良

ルーメリ・ヒサール
(Doğan Kuban, *Istanbul : An Urban History,* 1996, ISTANBUL)

を加えていった。またオスマン軍の使う火薬はヨーロッパのそれよりも高品質だった。さらにオスマン軍は、機動性を高めるために砲身と砲架とを別々に運んだり、城攻めの際には現地で大砲を鋳造したりと、種々の工夫をこらしていた。こうした技術革新の結果、当時のオスマン軍の火砲は、ヨーロッパのどの軍隊よりも強力で高性能なものになっていたと思われるのである。

こうして準備を重ねたスルタンは、あくまでも攻撃に反対するチャンダルル・ハリルとその一党を、オスマン朝国家が持つ、イスラムの信仰のために戦うガーズィーとしての伝統を盾に押し切って、一四五三年早々に、コンスタンティノープル攻撃を正式に決定した。

ヨハンネス八世の弟で、ビザンツ最後の

皇帝となるコンスタンティノス一一世（一四〇四～一四五三）は、すでに一四五一年の夏にイタリアへ急使を送って救援を懇請《こんせい》していた。皇帝はカトリック教会との合同もやむを得ないと考えていたが、コンスタンティノープルには、断固としてそれに反対する者も多かった。しかも皇帝の要請に対する教皇とヴェネツィアの対応は遅く、さらに双方の間には不信感も醸《かも》されていた。それでも（遅まきながら）この両者からは船隊が東方へ向けて出航したが、他の諸国はまったく反応すら示さなかった。

ジェノヴァは中立の姿勢を崩さなかった。フニヤディ・ヤーノシュのいるハンガリーも、度重なる十字軍の失敗で戦意を失っていた上、フニヤディと国王との間に不和が生じていた。ワラキアもセルビアもスルタンに臣従して、あろうことか今回の包囲戦に軍を送ってコンスタンティノープルを攻撃してさえいた。コンスタンティノープルが頼りにできるのは、数世紀にわたってイスラム教徒を撃退してきた堅固な城壁と秘密兵器「ギリシアの火」（火炎瓶、あるいは一種の火炎放射機だったと想像されているが、ビザンツによって秘密が厳重に守られたため、帝国の滅亡とともにその秘密も永遠に失われてしまった）、それに金角湾《きんかくわん》口に沈めて湾を閉ざした鎖だけだと言っても過言ではなかった。

戦える男子の数は、外国人傭兵を入れても七〇〇〇に満たなかったと言われている。おそらく八万ほどであったと思われるオスマン軍は四月二日、首都郊外に姿を見せ始めた。以後続々と到着した攻囲軍に、コンスタンティノープルは陸も海も埋め尽くされるが、しかし優れた海軍力も手伝って、守備兵はよく戦った。スルタンは四月二二日には、木製軌道《もくせいきどう》と滑車《かっしゃ》と膨大な数の牡牛や兵士の力を使ってボスフォラス海峡から船団を「山越え」させて金角湾内に滑り込ませるという離《はな》れ業《わざ》をやってのけたが、それでもこの町を落とすことはできなかった。しかし兵員にも食糧にもおのずと限りがあった。そして五月二八日の日没前に始まったオスマン軍の大攻勢に、翌朝、城壁の一部がついに突破され、この日、一四五三年五月二九日に、コンスタンティノープルは陥落した。千年の歴史を刻んだビザンツ帝国は地上から永遠に消え去った。

コスモポリタン君主

こうして「ローマの首都」に入城したメフメット二世は、自らをオスマン朝の君主であると同時に、復興されるべきローマの皇帝とも意識することになった。オスマン朝とその君主とが、地中海世界の王者を自覚する時がやって来たのである。そもそもメフメットは、即位以前からアラビア語、ペルシア語とイスラム諸学だけではなく、ギリシア語、ラテン語、ヘブライ語も修得し、ことにギリシアの文献を広く学んでいたことが知られている。アテネとトロイの遺跡を訪れ、称賛の言葉を発した彼を、ある歴史家は「ギリシア崇拝者」と記した。そうした知識に裏づけられ、スルタンは自らをアレクサンドロス大王の衣鉢《いはつ》を継ぐ者とも意識していた。実際、彼は東西の融合を果たすべく、ローマ征服を目指してイタリア半島

ベッリーニ『メフメット２世』（ロンドン・ナショナルギャラリー蔵）

（オトラント）に橋頭堡《きょうとうほ》を築くことにもなるのである。

またスルタンは、イタリアから芸術家を招聘《しょうへい》、保護して、コスモポリタンな文化の育成に努めてもいる。たとえば彼は、当時ヴェネツィアの専属画家だったジェンティーレ・ベッリーニ（一四二九〜一五〇七）を一四七九年九月から翌年一一月まで宮廷画家として招き、自身のものをはじめとする多くの肖像画を描かせている。

イスラムが偶像崇拝を禁忌とすることはよく知られているが、メフメット二世に招かれた画家や彫金家はベッリーニだけではなかった。コンスタンティノープル陥落によって、文人、芸術家の多くがイタリアへ避難し、それによってルネサンスが開花したと、ほとんど決まり文句のように言われてきたが、多くの芸術家やユマニストが——「トルコの征服者」に関する、さまざまなまがまがしい噂が流布していたにもかかわらず——コンスタンティノープルを訪れようと望み、そして実際にイタリアからオスマンへの人の流れが存在していたことを指摘するのも、公平を図る上で無意味ではあるまい。

いずれにもせよ、イスラム辺境国家として出発したオスマン朝を世界帝国たらしめようという、メフメットのこうした自覚と努力とに敬意を表して、本書でも以後、この国をオスマン帝国と呼ぶことにしようと思う。

世界帝国の編成

集権化された世界帝国の絶対君主になろうとするメフメットは、コンスタンティノープル入城直後に、征服戦に反対し続けてきたチャンダルル家の始末を断行した。大宰相ハリルは処刑、財産も没収されて、スルタンの絶対化に立ちはだかったこの名族が葬り去られた。代わってデヴシルメ出身の、すなわちバルカンのキリスト教徒から徴発されたスルタンの「奴隷」身分の者が大宰相に据えられて、スルタンの代理人として大きな権力を振るう体制が整えられる。同時にイェニチェリをはじめとする、デヴシルメ系軍団の強化も図られた。彼らは最新兵器である銃器で武装し、スルタン権力の強力な支柱になってゆく。

次にスルタンは、世界帝国の首都コンスタンティノープルを、それにふさわしく復興しようと考えた。一時は五〇万と言われたこの町の人口も、征服直前には五万から七万になっていた。征服戦とその直後の掠奪とによっておよそ五〇〇〇が死に、五万が捕虜になったと伝えられている。捕虜の多くは戦利品として町から連れ去られ、逃亡した者も少なくなかった。したがってメフメットが見たこの町は、荒廃のきわみにあったと考えてよいであろう。

彼はまず勅令を発して、スルタンを認め、税を払えば——のちにはさらに一定期間は免税とした上、家も与えるという条件を出して——首都への移住を呼びかけた。その呼びかけには、宗教を問わず、生命、財産が保障されることも含まれていた。こうして、イスラム教徒だけでなく、ギリシア人やアルメニア人、さらにちょうどこの時期、レコンキスタの完成にともないイベリア半島で迫害を受けていた多くのユダヤ人が、この町へ移住し始めるはずであった。

だが現実には、人々はあえて自分の町を捨ててまで、征服されたばかりの町へ移って来ようとはしなかった。スルタンはこれを見て、各地からの強制移住を命じる。特に富裕な商人、職人が選ばれて、新たな首都——コンスタンティノープルの名はKostantiniyeとしてその後も長く使われるが、本書では慣習に従って、ギリシア語eis ten polin（「この町に」）をイスラム教徒が町の名前と勘違いした結果生まれたと言われる「イスタンブル」の名を、今後使うことにする——へ送り込まれた。また、教会の設置にもイスラム法を厳格に適用しないなどの措置がとられたから、イスタンブルには徐々に多くの異教徒が移り住み、征服後二五年で一〇万人に回復したと言われるこの町の住民の、およそ四割が異教徒ということになった。イスタンブルは、当初から国際都市だったのである。

征服と建設、しかし鬱積する不満

スルタンの政策によって、イスタンブルには異教徒住民が増えつつあった。スルタンの側近にあって政治を壟断《ろうだん》するのは、血筋的にはギリシアやセルビアの人間だった。首都建設や征服戦に必要な費用を捻出するために、スルタンは日用品の専売制を実施したが、こうした専売品の販売権を得て富を集めるのは、主としてギリシア商人だった。物価の高騰に悩まされたのはイスラム教徒だけに限られたわけではなかったが、彼らの目には、スルタンの栄華が異教徒と結びついて実現し、イスラム教徒トルコ人の犠牲の上に成り立っていると見えても不思議はなかった。権力の中枢から遠ざけられたトルコ系有力者の間に不満が鬱積したことも、当然考えられよう。

そうした不満を抱え込みながらも、メフメット二世は征服と建設に邁進《まいしん》していった。モレア（ギリシア南部）とエーゲ海諸島とを征服し（一四六〇年）、黒海沿岸のトレビゾンド（トラブゾン）に残っていた国家も滅ぼして（一四六一年）、彼はビザンツ系の君主を完全に駆逐した。また、自治が与えられてきたセルビアを直接支配下に入れ、さらにハンガリーへの関門であるベオグラードもうかがった。アナトリアでは、長らくオスマン領を背後から脅かしてきたカラマン君侯国をついに征服した。また白羊朝《アクコユンル》の勢力もアナトリアから逐って、スルタンはユーフラテス以西のアナトリア支配を、ほぼ確実なものにした。だが一方で、こうした一連のアナトリア掃討戦では非常に多くのテュルクメンの血が流され、彼らの間にはスルタンに対する根深い恨みが残ったとも言われている。

スルタンはさらに一四八〇年、十字軍の生き残りとして、ヨーロッパ勢力の東地中海における権益擁護を図ってきたロードス島のヨハネ騎士団を攻撃させた。一一世紀にイェルサレムで活動した救護院の修道会に起源を持ち、一二世紀に軍事活動を始めた騎士団は、聖地におけるキリスト教国家の防衛に献身し、またその国家の消滅後は、キプロス、さらにロードスへ根拠地を移してオスマン艦船に対する海賊行為を続けていた。メフメットはこれを一挙に叩こうとしたのだが、名だたる要塞に拠るこの島の征服には、多大な準備と軍勢とが必要だった。これを悟ったメフメットは翌一四八一年、さらなる攻撃の準備に取りかからせたが、しかしその最中の五月、軍を率いて首都を出陣した直後に急死した。すでに重大な病巣が、彼の肉体をむしばんでいたのだとも言われている。マルマラ海北岸を進軍中のことであった。

皇子ジェムの乱

メフメット二世の存命中から、その治世に不満を抱くトルコ系有力者はスルタンの次男であるジェム（一四五九～一四九五）に接近を図っていたと言われている。スルタンが急死したとき、ジェムはアナトリア中南部のカラマンに、そして嫡男《ちゃくなん》バヤズィト（一四四七～一五一二）は中北部のアマスヤに、それぞれ赴任して地方統治に当たっていた。スルタン急死の報に、まず首都に駆けつけて宮廷諸勢力の支持を取り付け、即位したのは兄のバヤズィトだった。ジェムはこれを認めず、ブルサで即位して貨幣の鋳造も行なわせた。しかしジェムは、進軍した兄バヤズィト二世の軍に蹴散らされ、一旦マムルーク朝に亡命してその保護を得、その後再起を図ったが再び敗れて一四八二年七月、こんどはロードス島へ逃れた。

二年前にメフメット二世の攻撃を受け、さらに翌年には地震にも襲われて疲弊していたロードスのヨハネ騎士団は、これに驚きながらも、飛び込んできた敵駒を最大限に利用してヨーロッパ勢力による反撃を図ることになる。

九月に騎士団とオスマン政府との間の和平交渉が始まり、一二月にはジェムをめぐる交渉も妥結した。オスマン側は騎士団の要求通りに講和し、さらにジェムの「保護と監視」の代償に、毎年金貨四万枚を支払うことになった。騎士団側はスルタンのこうした譲歩にむしろ驚いて、

(スルタンは)ジェムが故国に帰る自由を持つ限り、自らの権力に安住できないという警戒心と不安のため、自らをほとんど騎士団に対する納税義務者にした。(新谷英治訳)


と書き残している。

騎士団はジェムを保護し、さらにこれを有効に使うべく、和平交渉が始まるのと相前後して、彼をフランス東南部、オーヴェルニュ地方にある領地へ向けて送り出していた。こうした上で騎士団は、一方でイスタンブルと交渉し、他方ではジェムを担いで十字軍を起こすべ

く、ヨーロッパ諸国へ知らせを走らせたのだった。だが、オスマン軍の圧力を直接感じるようになったハンガリーを除いて、どの国も国内事情や対外戦争を理由に、積極的な対応をしてはこなかった。八六年にいたってようやく教皇との間に、十字軍の組織を条件とするジェム引き渡しの合意ができたが、直後に教皇領内に叛乱が起こり、その首謀者がオスマン帝国に庇護を求めるありさまであった。

ジェムは結局一四八九年三月にローマへ到着する。教皇を中心に十字軍の戦略が練られることになるが、騎士団史料によれば、その話し合いにはオスマン軍と交戦中のマムルーク朝スルタンからも代理人が参加し、ジェム引き渡しを条件に、キリスト教君主同盟に参加する意志を表明していたという。また、一四八八年六月にはハンガリーの使者がロードスを訪れて、オスマン軍との決戦の意志を伝えていた。ハンガリー国王は、

バヤズィト二世の有力家臣多数と密かに通じていて、彼らはジェムがハンガリー領内に入れば、ジェムの側について叛乱を起こす約束をしている。（新谷英治訳）

と述べたという。

ローマでの話し合いは結局実らないまま、一四九四年一二月を迎える。この月、ナポリの王位継承権を主張するフランス王シャルル八世（一四七〇～一四九八）がローマへ進軍して

くるが、ジェムの身柄はその際にシャルルへ引き渡され、翌月彼は（おそらく）毒殺されるることになるのである。

内向きの時代

オスマン皇子の哀れなエピソードだが、しかしその小さなエピソードは、オスマン側の史料からはうかがい知れない、オスマン帝国の内情の一端をあぶり出しているように思われる。実に一四八二年から九五年まで、すなわちジェムがヨーロッパ勢力の手にある間、バヤズィト二世はヨーロッパへ向けた軍事行動をほとんど起こしていないのである。そして九五年以降、ジェムの死を待っていたかのように、それは再び活発化する。

これは、なにも弟の身を案じた兄の思いやりを反映しているわけではあるまい。スルタンの西方へ向けた軍事行動の停滞を、騎士団側の記述と突き合わせたときに浮かび上がってくるのは、メフメット二世の治世後半から伏在したと思われるトルコ系有力者たちの不満が、バヤズィト二世にとって決して無視しえないものだったことなのではあるまいか。そして実はバヤズィトの時代は、一方でこうした不平派を慰撫《いぶ》しつつ、同時に、「征服者」（Fatih《ファーティヒ》）と呼ばれた父の時代の征服と建設事業とによって逼迫《ひっぱく》した財政を立て直す、内向きの時代だったと言うことができる。そうした内向きの時代があってこそ、次の大きな拡大があったと言うべきであろう。

ただし「内向き」といっても、ヨーロッパ世界との交渉が絶えたわけでは決してない。オスマン帝国は「再生したローマ」として、むしろヨーロッパ世界をその内部に取り込もうとしていた。そうであったが故に、バヤズィト二世の時代には、レオナルド・ダ・ヴィンチとミケランジェロとによって、イスタンブルの金角湾に架ける橋のデザインが構想されていた。しかもそれは、レオナルドやミケランジェロが勝手に考え始めたわけではなく、まずオスマン宮廷から彼らに対して働きかけがあったと考えられている。

その働きかけに応じて、レオナルドはオスマン宮廷あてに、架橋を引き受けたい旨返書を送った。実際にその橋はできなかったし、またレオナルド自身がイスタンブルを訪れたという記録もない。だがレオナルドの手稿の中には、それらしい橋の図が存在していると言われている。またミケランジェロにはフランチェスコ会修道士を通じて要請がなされていた。最終的にミケランジェロはイタリアに留まったが、一時期彼は、イスタンブル行きを真剣に考えたのだという。

一方、見方を変えれば、ヨーロッパはまたぞろ好機を逸したことになる。彼らは、成長するオスマン勢力を抑えるだけの力を、もはや備えていなかったと言うべきであろう。オスマン帝国はさらにその版図を広げ、ほどなく地中海を自分の湖とするはずである。

では、そのオスマン帝国も含めた「東方」は、そもそもヨーロッパにとってどのような意味を持つものだったのだろう。オスマン帝国のさらなる発展について語る前に、この点を確認しておこう。

3　ヨーロッパにとっての東方

アレクサンドロスの東征と東西交易

コンスタンティノープルを征服したメフメット二世が、自らをアレクサンドロス大王になぞらえていたことは先に見た。大征服者としてのアレクサンドロスの記憶は地中海世界に生き続け、したがってイスラム文化圏の人々もそれを受け継いだのである。アラビア語、ペルシア語、そしてトルコ語で著わされた種々の『アレクサンドロスの書』の存在が、そのことをよく示している。今日にまで伝来するオスマン史に関する最古の史料が、アレクサンドロスがその師アリストテレスから世界の歴史を予言として聞く、という体裁をとっていることもまた、その表われである。そしてメフメット二世はさらに、大王が東西文明の融合を図っていたことにも惹かれていたのだった。

実際、アレクサンドロスの東征（紀元前三三四～紀元前三二三）によって、ギリシア人は初めて東方世界を深く知り、そして彼の死後、その広大な征服地に建てられたバクトリア、セレウコス朝（シリア）、プトレマイオス朝（エジプト）といったギリシア系の諸王国が、各地の通商路を整備して東方の物産を西方世界へ伝えたのだった。こうして、絹を産する国「セレス」(あるいは「セリカ」すなわち中国)の名も、西方に知られるようになった。
さらに、アラビア海沿岸とインドの西海岸とを結ぶ海上ルートを通して中継貿易も始められる。安定した国力を誇るプトレマイオス朝がそうした通商を積極的に行ない、首都アレクサンドリアを中心に、紅海を通過し、インド洋と地中海とを結ぶ東西交易の海上路が繁栄するにいたる。紀元一世紀の中頃、アレクサンドリアのギリシア人によって書かれたと考えられる『エリュトゥラー海案内記』は、そうした交易の一産物であった。

ローマ時代の交易路

インド洋を通じる交易は、もともと二つの行程に分かれていた。まずインド商人が東方の物産を積んで、アラビア半島の先端にあるアデンに来航する。すると、今度はそれをギリシア人やアラブ人の商人が引き継いで、地中海へ運んだ。だが、アウグストゥスの頃、すなわち西暦紀元前後に、「発見者」にちなんで「ヒッパロスの風」と呼ばれることになる季節風を利用して、インド洋を横断する航路がギリシア人にも知られるようになる。こうして、ギリシア商人が直接インドまで出向くことができるようになった。そしてその頃には、帝政期に入ったローマで都市が発達し、それにともなって人々の生活も急速に安定、向上していったから、東方から運ばれる各種の奢侈品《しゃし ひん》が彼らによってもてはやされたのである。絹をはじめ、インド洋のタイマイ（鼈甲《べっこう》）や真珠、そして胡椒《こしょう》にアフリカ産の象牙などがその代表だった。

そして三世紀から四世紀にかけてローマが解体へ向かうと、この交易路の周辺では、東地中海世界に拠るビザンツと、イラン・メソポタミアを支配するササン朝とが並び立ち、相争うことになる。このうちササン朝が、ペルシア湾岸からインド洋に至る拠点を支配しようとするから、この頃にはギリシア系の商人に代わってアラブ系、イラン系の商人たちがアラビア海を横断するルートの主役となる。そして、シリア北部を通過するルートが戦乱に巻き込まれて衰微すると、ビザンツは、一方で紅海からインド洋へ抜けるルートに重心を移し、他方では北方ルートの開拓にも関心を示すことになる。五六八年にコンスタンティノープルを訪れた突厥の使節に、ビザンツが積極的な対応を示した背景がここにあった。また、ササン朝もその支配をもくろんだために緊張の度が増した紅海ルートでは、アラビア半島内陸部の重要性が増大していった。そしてその中心として栄えたのが、メッカだった。

イスラムの勃興と東西交易

七世紀におけるイスラム勢力の急速な発展により、ビザンツはアレクサンドリアをはじめキプロス、ロードスなど、東地中海の交易拠点を次々と失っていった。

一方イスラム側は、メッカの食糧をエジプトに頼っていたので、その穀物輸送のための海上交易路の掌握を必須の課題としていた。こうして、従来コンスタンティノープルへ向かっていたエジプトの穀類がアラビア半島へ向かうようになる。これは、地中海交易の根幹部分に大きな変化が生じたことを意味したが、海上交易自体は従来同様盛んに行なわれていた。

たしかにビザンツにとって東地中海の拠点奪回は緊要だったから、各地で戦闘が繰り返されていた。しかし、そうした軍事的・政治的対立が、経済や文化の交流を完全に遮断することにはならなかった。したがって商人たちの活動は絶えることなく続いたが、ただしイスラム勢力にとって、東地中海からさらに西に向かう交易は、魅力に乏しいものだった。そのため、この方面での交易活動は、もっぱらユダヤ系やアルメニア系の商人が担うことになった。

一方西ヨーロッパは、イスラム勢力の進出以降、地中海地方から自らを隔絶させ、内陸化することによって独自の世界を形成し始める。文明の中心を離れた彼らにとって、地中海はもはや「異域」であって、彼らが自らこの地域へ乗り出してくるには一一世紀後半を待たねばならない。そして、この「文化果つる地」西ヨーロッパと地中海地方とを結ぶ上で重要な役割を果たし始めたのが、ヴェネツィアをはじめとするイタリアの商人たちだった。

ヴェネツィアの進出とヨーロッパにとっての東方

フン族やゲルマン人の掠奪を逃れた避難民たちによって都市形成が始められ、さらに七世紀末から八世紀にかけて、ドージェを長とする都市共和制が整えられたヴェネツィアは、九世紀の初頭にはビザンツの宗主権下に、ビザンツ領とカロリング朝フランク王国とを結ぶ中継貿易に乗り出していた。したがってヴェネツィアは、イスラムの侵入に対してもビザンツ軍に協力してこれに対抗していたが、同時に、自国の商業的利益を重視して、イスラム教徒との貿易にも従事していた。彼らはアレッポ、ダマスカス、アレクサンドリア、カイロなどにおもむき、八二七（あるいは八二八）年にはアレクサンドリアからマルコの聖遺物を盗み取って持ち帰り、八二九年にはサン・マルコ聖堂の建築を始めたのであった。

彼らは東方から、胡椒をはじめとする香辛料、生糸《きいと》あるいは絹織物、その他の貴重品を西方へもたらし、代わりにイスラム世界に不足する鉄や硫黄などを持ち出した。しかし、それら西方の物産では胡椒などを十分に購《あがな》うことはできなかったため、彼らが東方へ輸出する最大の品目は、奴隷ということになった。いずれにせよこうしてヴェネツィアは、ヨーロッパ世界に東方の物資を提供し続け、繁栄を謳歌《おうか》してゆくのである。そしてヨーロッパにとって（東地中海以東の）東方は、強大な軍事力と高度な文明とを誇り、同時に胡椒をはじめとする高価な品物を供給する異境なのであった。

ヨーロッパの拡張とイタリア諸都市

一一世紀の後半以降、ヨーロッパは農業生産力の増大と、それに支えられた人口増とを経験する。そしてそうした発展は、ヨーロッパに、イスラム世界に対する従来の劣等意識と恐怖心とを反発と敵愾心《てきがいしん》とに転化させる背景を準備した。こうして世紀の末にはイベリア半島でレコンキスタ運動が大きく進展し始め、さらに東方へ向かっては十字軍が組織されるにいたるのである。とくに相次ぐ十字軍の出撃と並行して、ジェノヴァ、ピサなどのイタリア諸都市が、聖戦意識に支えられて地中海の再キリスト教化を目指す活動を担うことになる。彼らはすでに世紀の前半に、サルディニアやコルシカを奪回する成果を上げていたが、十字軍の開始とともにその輸送業務を引き受けて、東方への進出を始めていったのである。やがて彼らはその活動を商業中心に切り替え、ヴェネツィアの強力なライヴァルとなってゆく。

また一二世紀には、ヨーロッパにおいて香辛料への需要が、熱狂的とも言える高まりを見せ始める。人口を増やした肉食の人々が、限られた塩漬け肉で冬を越すために——あるいは乾した魚をそのままで食べるために——胡椒、丁子《クローヴ》などの防腐効果と消臭作用とは必須のものであったろう。こうした事情に後押しされ、イタリア諸都市は利幅の大きい商品を求めて、東方へ乗り出してゆくのであった。

当初彼らは紅海からインド洋へ出るルートの掌握を目指したが、後にはイラクからペルシア湾へ、また黒海からタブリーズを経てホルムズへ出るルートを開拓、確保しようとした。そして一三世紀、こうしたルートへ東方から新たな脅威が襲いかかる。

変動の一三世紀

一二〇六年のチンギス・カンの即位以降、急速に拡大するモンゴル勢力が、イタリア商人たちの開拓した通商路を馬蹄にかけた。しかし、アッバース朝を滅ぼし、東地中海沿岸にも影響をおよぼした戦乱と破壊の数十年が過ぎると、モンゴルは建設の時代に入る。一三世紀の後半、彼らはクビライの指揮下に海陸をおおう世界国家の創出をめざし、インド洋をも含めたユーラシアは「モンゴルの平和」を享受する。そして内陸と海上、両交易ルートが、彼らによる一貫した支配のもとで繁栄するにいたるのである。イタリア商人たちも、黒海やシリアに拠点を築き、一方でインド洋へのルート確保に努めていた。マルコ・ポーロの旅も、こうした条件下でなされたのである。

だが、一三世紀の末からユーラシアは、寒冷化を中心とした長期にわたる異常気象に悩まされ始めた。北アフリカや西ヨーロッパにまでおよぶこの天候異変は、一四世紀の半ば過ぎまで続き、飢饉や洪水に、ペストの大流行が追い打ちをかけて、各地で大幅な人口減少を招いていた。東西交易の中継点の位置を占め、したがってそこから大きな利益を上げていたエジプトのマムルーク朝も、この異変の中で動揺した。しかしイタリア諸都市は、こうした危機の中でも紅海経由のルートを確保し、通商特権を維持するとともに、新たな商館を設置しようと努力を続けていた。

オスマン朝の勃興とジェノヴァ

一方、かつてイタリア商人たちが主要なルートとしていた北シリアや黒海周辺には、一三世紀の後半になると混乱が起こっていた。モンゴル勢力の後退にともなう、トルコ系諸集団の割拠がその要因である。その中からオスマンの力が伸びてゆく様子は、すでに見てきた通りである。

一四世紀の中頃、ビザンツ皇帝の要請に応じてバルカン側に渡ったオスマンの息子オルハンは、ダーダネルス海峡渡海に際してジェノヴァ海軍の援助を受けていた。すでに黒海北岸からアレクサンドリアにいたるまでの通商拠点を要塞化し、ビザンツと強く結びついて中継貿易に圧倒的な力を誇っていたヴェネツィアに対抗し、これを打倒しようと狙っていたジェノヴァにとって、ビザンツ領を蚕食《さんしょく》しつつ東地中海世界を西へ進むオスマン勢力と結ぶことは、戦略的に賢明な、あるいは必然の選択であった。

オスマン側もそれに応え、すでに一四世紀中頃の段階で、ジェノヴァに対して通商特権を与え、またアナトリア西部、マニサにおける明礬《みょうばん》生産の独占権も賦与《ふよ》していた。織物の染色に用いられる明礬は、ヨーロッパの毛織物業にとって必需品だったが、マニサはその主要生産地なのだった。こうして、エーゲ海におけるジェノヴァの植民市であるフォカエア（フォチャ）とキオス（サクズ）島とは、ヨーロッパの対アナトリア交易の拠点となったのである。

ヴェネツィアとオスマン朝

これに対しヴェネツィアは、オスマン朝の進出をきわめて複雑な思いで受け止めざるをえなかった。従来イスラム勢力は、紅海を扼《やく》し、せいぜいアナトリア以東を支配する存在に過ぎなかった。ヴェネツィアは、そこへ出かけていって交易をし、あるいはそこに交易拠点を築いて現地の政権から特権、あるいは自治を得ていたが、オスマン朝はバルカンを西進し、東地中海のヴェネツィアの拠点を一つずつ奪ってきたからである。

ヴェネツィアにとっては、オスマン領内での自由な交易と黒海での交易拠点とを維持することが至上命題だったから、オスマン朝と正面から敵対することは、どうしても避けねばならなかった。しかしその西進が大きな脅威であることも、また動かしがたい事実だった。したがってヴェネツィアは、教皇を通じてバルカンのキリスト教諸国を動かし、場合によってはアナトリア内陸でオスマン朝の背後にいる勢力に働きかけて、オスマン軍の西進を食い止めさせなければならなかった。一三八九年にコソヴォで戦われた、ドナウ川以南における最後の組織的抵抗戦の前に、アナトリア中南部に拠るカラマン君侯国に対して、背後からのオスマン朝攻撃が要請されていたことは、その好例である。

バヤズィト一世はコソヴォの戦勝後、ジェノヴァとラグーサの使節団を引見し、両都市に対して臣従・貢納と引き換えに、改めて低関税での通商を認め、その上領事裁判権も与え

教皇臨席のもと十字軍の派遣の協議
（1459年　マントヴァ公会議）
(Hegyi & Zimányi, 前掲書)

た。さらにオスマン軍は、その後アルバニアに侵攻してアドリア海を望んだから、ヴェネツィアは大きな脅威を感じざるをえなかった。

　したがってバヤズィトが一四〇二年にティムールに敗れ、オスマン朝が瓦解の危機に瀕すると、ヴェネツィアだけでなく、ビザンツをはじめとするキリスト教諸国は大きな解放感に浸ることができた。

　実際、エディルネに拠ったバヤズィトの長子スレイマンが、バルカン諸国に対して領土の返還や貢納の停止を申し出たから、「トルコの脅威」もめでたく消滅したかに見えた。

　だが、彼らが決定的な対オスマン作戦を講じない間に、スレイマンはアナトリアにいた弟たちに討たれ、さらにその中からメフメットが勝ち残ってオスマン朝は甦《よみがえ》った。メフメット一世を名乗った新スルタンにアルバニアが再び制圧され、ヴェネツィアもまた大きな脅威にさらされた。そして、メフメットのこうした領土回復作戦には、直接オスマン朝の圧力を受けずにすむ地中海側に位置したジェノヴァが、海軍力を提供していたのだった。

さらに次のムラト二世の時代を迎えると、ヴェネツィアはついにオスマン朝との間に戦端を開く決意をした。敗れたヴェネツィアは、しかし一四三〇年の講和条約で、貢納と引き換えに、オスマン領における交易と、胡椒の大消費地であるポーランド、ロシアへ連なる黒海への航行権とを認められた。だがヴェネツィアはその後も、一四四〇年代に組織された大規模な対オスマン十字軍に加担し、さらに次のメフメット二世によるコンスタンティノープル征服戦に際しても、中立を掲げたジェノヴァを尻目に、ビザンツ支援に回るのだった。

コンスタンティノープルの征服とイタリア諸都市

コンスタンティノープル（イスタンブル）を征服したメフメット二世は、イタリア諸都市の中で、新たにフィレンツェを優遇した。フィレンツェの商人は自国産の毛織物をアナトリアやイラン方面へ販売し、絹を西方へ運んだ。一四六三年にボスニア・ヘルツェゴヴィナがオスマン領に組み込まれると、フィレンツェとの交易は一層盛んになる。危機を感じたヴェネツィアはこの年オスマン帝国と開戦し、七九年まで交戦状態を続けた。そしてその後もヴェネツィアは、一四九九年～一五〇三年、一五三七年～一五四〇年、一五七〇年～一五七三年と、数度にわたってオスマンと戦うことになる。

平和が維持されている間は、ヴェネツィアへも通商特権が与えられていたことを見落としてはならない。しかし戦時にはラグーサがそれに代わって胡椒の仲介に大きな役割を演じた。そうした状況下、たとえばアウクスブルクのフッガー家も、ラグーサと結んでアレクサンドリアに代理人をおいていたのである。さらに一六世紀中頃には、フランスがスレイマン一世によって通商特権《カピチュレーション》を与えられてヴェネツィアと競合するようになり、のちにはイギリス、オランダも東地中海交易に積極的に参入しようとした。ヨーロッパ勢力のこうした動きに対してオスマン側は、通商特権を政治的な道具として使おうとすることもあった。たとえばフランスの宗教内乱に際し、親スペイン（ハプスブルク家）のカトリック連合に対してオスマン政府はユグノー勢力を支持した。そしてマルセイユがカトリック連合につくと、フランスに対する特権を取り消して、西地中海を遊弋《ゆうよく》する海賊にこの町を攻撃させた。こうしてユグノー支持を明確にしたオスマン政府は、アンリ四世の即位（一五八九年）にともなって、フランスに対する特権を復活させるのである。

新航路の模索

このように、オスマン帝国の存在は、基本的には東地中海世界に新たな秩序をもたらし、盛んな交易活動を保障するものではあったが、同時にヨーロッパ諸国にとっては、中継貿易が滞《とどこお》りなく円滑に行なわれるための不安定要因でもあった。

そもそもオスマン帝国は、軍事・行政・経済の重心をアナトリアとバルカン東部においた内陸国家であった。それは東地中海を制圧しはしたが、食糧の補給を、地中海周辺からの海上輸送に頼っていたわけではなかった。またその首都イスタンブルは、紅海からも、ペルシア湾からも遠くへだたっていた。このようなオスマン帝国による東地中海の制覇は、ヨーロッパ諸国に、より安定した香辛料の供給ルートを模索させることになる。

こうした模索の典型が、一五世紀中葉におけるポルトガルの航海王子エンリケによる探検事業であり、その結実のひとつが、ヴァスコ・ダ・ガマのカリカット到達（一四九八年）であった。そうした意味で新航路による交易は、基本的には地中海商業の延長だったが、一六世紀以降、ヨーロッパ諸国が次々にインド洋海域での交易に参入することで、それまでの都市を主体とした商業が面目を一新してゆくという、重大な側面もまた持っていた。

さらに、商業の中心が大西洋岸に移ったことを契機に、当時ヨーロッパ最大の勢力であったハプスブルク家が、その重心を中欧からスペインへ移してゆく。一五五九年に故郷のカスティリヤに帰ったフェリペ二世は、様々な地域的特権を持った領民を一元的に支配するためにカトリック主義を貫徹しようとし、「反宗教改革」を鮮明に打ち出すことになる。こうしてヨーロッパは、近代を生み出すべく宗教戦争の時代に入ってゆくのである。

このように、新航路の発見は、一方ではヨーロッパ諸国に非ヨーロッパ産品の利益独占と、さらにヨーロッパ中心の商業圏形成をうながし、他方では宗教戦争を準備して、近代ヨーロッパとそれを中心とした世界システム確立のための、大きな契機となったのである。

そしてその新航路の発見は、オスマン帝国による東地中海支配を前提としていたのであった。こうした意味でオスマン帝国は、近代ヨーロッパの出現のために、間接的ながら重大な役割を演じていたことになる。

しかし実は、オスマン帝国の存在そのものが、ヨーロッパ世界に――政治的にはもちろん、ひょっとすると思想的にも――重大な衝撃と影響とを与え、それを凝集力の高い諸国家からなる「リベラルな」近代世界へ変容させる、より直接的な契機となっていたのではないか。つまりヨーロッパは、オスマン帝国という強大な「圏外の磁場」の存在があってはじめて、自己形成を遂げることができたのではないか。そこで次章では、一六世紀におけるオスマン帝国の発展とヨーロッパ世界との関わりを、おもにオスマンとハプスブルクとの対立関係を軸に見てゆくことにしたい。

第三章　近代ヨーロッパの形成とオスマン帝国

1　普遍帝国オスマン――「壮麗者」スレイマン一世とウィーン包囲

一六世紀初頭の危機

一六世紀に入ってバヤズィト二世が晩年を迎えると、オスマン帝国に危機が訪れる。イランにサファヴィー朝が出現したことが、その大きな原因だった。建国に際してキジルバーシ（あるいはクズルバシュ）と呼ばれる、アナトリア東部からアゼルバイジャン地方出身のテュルクメン騎兵の軍事力に大きく依存し、したがってその点ではオスマン帝国の建国ともある程度の共通点を持ちながら、しかしサファヴィー朝はシーア派を掲げていた。そしてサファヴィー朝は、アナトリア東部のテュルクメンたちの間に宣教者を送り込み、それが一定の効果を上げていたのだった。これは、復興されたローマの皇帝である以前に、まず正統派（スンナ派）イスラム世界の大黒柱を自任すべきオスマン帝国のスルタンにとって、政治的・軍事的脅威であると同時に、正統的教義への挑戦とも思える宗教的脅威でもあった。

だがバヤズィト二世は晩年に入ってイスラム神秘主義《スーフィズム》にのめり込み、新興勢力のこの挑戦に対して積極的な対応を示さずにいた。一五〇八年にサファヴィー朝がバグダードを攻略して多くのスンナ派信徒を殺害しても、スルタンは中央アジアのウズベク族に書簡を送って、背後からサファヴィー朝を牽制させようとするに留まっていた。トルコ系のウズベク族は、新たに中央アジアに南下し、スンナ派を受容して王朝を樹立していたのである。

バヤズィトが積極的な軍事行動を起こせなかった背景には、実は後継をめぐって皇子たちの間に——それぞれを支持する諸勢力をも巻き込んだ——争いがあったからで、帝国にとってはむしろこの方が危険だと考えられた。長兄のアフメットは父にも愛された有能な行政官だったが、軍事的には無能でイェニチェリたちに嫌われていた。次兄のコルクットは軍人や政治家であるより宗教家だった。そうした中で年下のセリム（一四六七?～一五二〇）は、祖父メフメット二世の軍事的才能をもっともよく受け継ぎ、イェニチェリたちの強い支持を得ていたが、その冷酷な性格を父に嫌われていたという。

しかしセリムはついに一五一二年、イェニチェリを使って父に退位を迫り、セリム一世として即位した。その一ヵ月後にバヤズィトは死去。さらにその後一年の間に、セリムは残っていた兄とその息子たちとをことごとく抹殺して、自らの地位を盤石のものとした。八年間の短い治世に多くの血を平然と流した彼は、「冷酷者」（Yavuz《ヤヴーズ》）と呼ばれることになる。

セリム一世と東方の征服

セリムの仕事は東方への征服活動を進めることだった。一五一四年にイラン遠征に出陣したセリムは、アナトリア東方のチャルディランでサファヴィー軍を撃破し、勢いをかってその首都タブリーズにまで攻め込んだ。チャルディランの戦いでは、騎兵《スイパーヒー》部隊が苦戦する中、新興のサファヴィー軍がまだ備えていなかった最新兵器——小銃——を持ったイェニチェリの活躍が勝利を決定づけたと言われる。間もなくタブリーズは奪い返されるが、セリムはこの町から多くの商人や職人をイスタンブルへ移住させ、帝都の充実を図っていた。また翌年には再度東方遠征が行なわれ、こうした一連の軍事行動の結果、クルディスタンもオスマン支配下に組み込まれるにいたった。

次いでセリムはマムルーク朝の征服に取りかかる。マムルーク朝は、すでに一四世紀のペスト大流行で大きな打撃を受け、さらにポルトガル人の東方海域への出現によって、中継貿易の利も奪われて衰退していた。一五一七年一月にカイロを征服したセリムは、さらに六月にはメッカの首長《シャリーフ》の忠誠も獲得し、聖地の保護者としての地位をも確立したのであった。

アレクサンドリアからイスタンブルへ凱旋する船には、カイロの主だった商人、職人や宗教知識人《ウレマー》など二〇〇〇名ほどもが乗せられ、長年にわたってイスラム世界の中心的都市として機能してきたカイロの、その中核部分がイスタンブルへ移されたのだった。聖地の保護者としての資格を得たこととあわせ、スルタンは名実ともに、正統的イスラムの担い手を自任できるようになったのである。

なお、このときイスタンブルへ移された人々の中には、長年マムルーク朝の庇護《ひご》下にあったアッバース朝カリフの末裔も含まれていたが、彼からセリム一世がカリフの位を譲り受けたというのは、おそらく虚構である。この「スルタン・カリフ制の成立」神話は、オスマン宗主権下にあったクリミア・カン国をロシアに併合され、さらに支配下のギリシア正教徒住民に対する保護権をロシアに主張されたオスマン・スルタンが、逆にロシア支配下に入ったイスラム教徒への宗教的権威を主張するための根拠として、おそらく一八世紀後半に作り出されたものなのである。オスマン・スルタンのカリフとしての権威（あるいは資格）は、その実力によって自ずと主張され、そして受け容れられたものだったと考えるのが自然であろう。

一方、「復興されたローマ帝国」というイメージもまた健在であった。セリム一世の時代には、ミケランジェロにオスマン宮廷のための女性像制作を勧める者も現われた。それは、エディルネでフィレンツェの金融業者の代理人をしていた、トマーソ・ディ・トルフォという人物で、彼はセリムが美術好きで裸婦像にも関心を示し、ミケランジェロの出仕に大変熱心であったことを伝えている。

スレイマン一世の登場

八年間の短い治世でセリムが病死すると、一五二〇年、すでに二〇代半ばに達していた息子スレイマン（一四九五?～一五六六）が後を継いだ。四六年におよぶその治世を通じて、オスマン帝国を文字通りの世界帝国として歴史に輝かせ、ヨーロッパ人にさえ「壮麗者」と呼ばれたスレイマン一世の登場であった。彼は皇太子としてのほぼ全期間を、エーゲ海沿岸地方の総督として過ごし、そこで、いわば治世の実地を学んでいた。トルコ語で「立法者」(Kânûnî)《カーヌーニー》と呼ばれることに象徴されるように、スレイマンは単なる征服者ではなく、帝国の集権化を図り、統治の合理化を果たすべく多くの法典《カーヌーン・ナーメ》を発布するスルタンである。彼の時代にオスマン帝国は、時代と地域の実情に適合した合理的な法と、それを運用する官僚機構とを整えた中央集権的国家になってゆく。

だが同時に、彼が合算すれば一〇年におよぶ長い期間を戦場で過ごした軍人であったことも、もう一方の事実だった。父セリムのエジプト遠征時に、オスマン政府の統制を嫌う東部アナトリアのテュルクメンが叛乱を起こしていた。これは、トカト地方に入り込んでいたシーア派の宣教者ジェラールに率いられたもので、アナトリア東部の叛乱は、その後ほとんど慢性化してゆくことになる。また征服したばかりのシリアやエジプトでも、スレイマンの即位直後に叛乱が起こっていた。だがこうした動揺を鎮めつつ、スレイマンは西方へ向かうのである。

ベオグラードとロードス島の征服

「征服者」メフメット二世が攻略できなかった二つの要衝《ようしょう》が、ベオグラードとロードス島とであった。ベオグラードは、バルカン高地からハンガリー平原へ下る際の関門の位置を占めていた。良質の小麦と馬とを産するこの平原を押さえ、さらにそこからトランシルヴァニアやオーストリアへ出るためにも、ベオグラードはまず奪取しておかねばならない拠点都市だった。ハンガリー王の支配するこの町を、スレイマンは即位の翌年、一五二一年に征服する。

さらに一五二二年にはヨハネ騎士団の根拠地ロードス島の包囲戦も始められた。騎士団はメフメット二世の包囲を切り抜けたあと、相変わらず東地中海で海賊行為を行ない、新たにオスマン支配下に入ったアラブ地域および聖地とアナトリアとを結ぶ船を襲撃し続けていた。軍勢一〇万と言われるスレイマンの大包囲網に対し、キリスト教世界からの援助を一切得られなかった騎士団防衛軍は、非戦闘員の協力も得て頑強な抵抗戦を繰り広げた。だが、さしもの要塞も四ヵ月余りの総力戦ののち、ついに陥落を余儀なくされた。

その後スレイマンは、島を退去したい者は退去させることにし、その結果二〇〇人足らずの騎士と一六〇〇ほどの兵卒とが、武器を携行したまま教皇さし回しの船で島を去ることになった。彼らはのちに、神聖ローマ皇帝カール五世からマルタ島を与えられて活動を続けることになる。島に残ったキリスト教徒たちに対しても、スルタンは五年間の免税と強制徴発《デヴシルメ》免除とを内容とする特権を保証し、さらに、彼らを帝国の他の異教徒と同様、公正にあつか

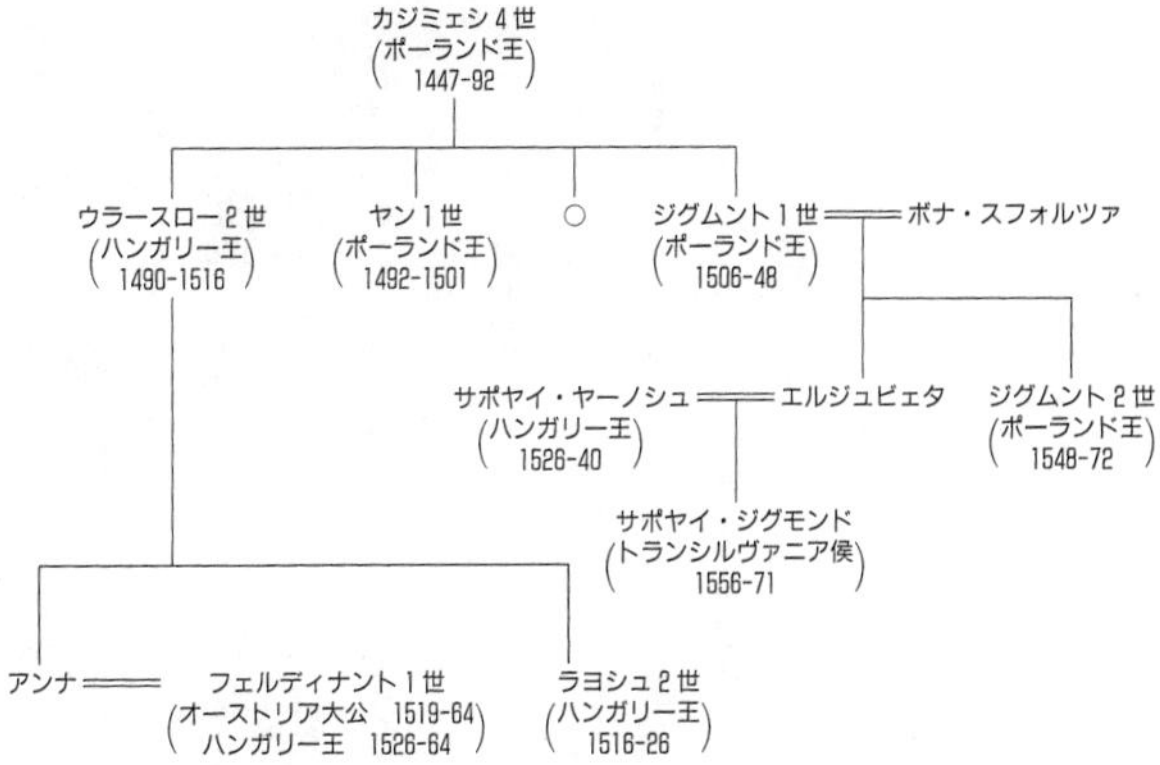

ヤギェヴォ家略系図

う旨を約束したから、多くの住民はそのまま島に留まったと言われている。

騎士団に対して何の援助もしなかった負い目を持つヨーロッパにとって、ロードス陥落は大きな衝撃だった。東地中海でオスマン軍を防ぐ砦は、これで全滅したことになる。オスマン軍は雪崩《なだれ》をうって西地中海に、すなわち「ヨーロッパ世界」に進軍して来るのではなかろうか。――彼らのその予感は、ほどなく的中することになる。

ハンガリー征服

ハンガリーはヤギェヴォ家のラヨシュ二世（一五〇六～一五二六）によって統治されていた。ヤギェヴォ家はハンガリーのほか、ボヘミア、ポーランド、リトアニアの王位を占める名門であったが、ラヨシュが治めるハンガリーとボヘミアでは、大小の貴族が王権に著しい制限を加えていた。乱立する封建諸侯による苛政に加え、教会に支払われるべき十分の一税の負担も重なって、ハンガリー農民は、「解放者」たるオスマン支配の登場を待望していたとすら言われている。

一五二六年四月、一〇万の兵を率いてスレイマンがイスタンブルを出陣したとき、全ヨーロッパへ出されたラヨシュ二世の援軍要請に応える勢力は、ただの一つも存在しなかった。見捨てられたラヨシュは、国内勢力の結束もできないままに八月、オスマン軍に対して首都ブダの南、モハッチで決戦を挑んだ。統制のとれないハンガリー騎馬隊は、それでも果敢にスレイマンの本陣をめざしたが、結局三〇〇門の大砲を擁する圧倒的なオスマン軍に粉砕され、国王自身も戦死する。ハンガリー軍の死者は三万にのぼったと言われている。ヨーロッパ側の軍事的劣勢は、もはやとりつくろいようのないほどに明白だった。

こうして国王を失ったハンガリーを北上して、オスマン軍は九月にその首都ブダに入城し、これを掠奪した。生き残った貴族たちはブダに伺候《しこう》してスルタンに臣従を誓った。だがスルタンがイスタンブルへ去ったのち、彼らは後継国王の選出をめぐって内紛を起こす。多数派は、トランシルヴァニア侯でヤギェヴォ家とは姻戚関係にあるサポヤイ・ヤーノシュ(一四八七〜一五四〇)を国王に選んだが、カール五世(一五〇〇〜一五五八)の弟であるハプスブルク家のオーストリア大公フェルディナント(一五〇三〜一五六四)を推す人々もいた。フェルディナントは、戦死した先の国王ラヨシュ二世の姉を妻としており、さらにボ

カール5世（左）とフェルディナント（右）
(Hegyi & Zimányi, 前掲書)

ヘミアでは、諸侯に推戴されて、戦死したラヨシュを継いで国王に選ばれてもいた。

外国人の王を敬遠する多くのハンガリー人の支持を得、さらにハプスブルク家の強大化を喜ばないあらゆるヨーロッパ勢力から好意の目で迎えられながら、実質的には何の援助も得られないサポヤイは、結局ハプスブルク家によって首都を追放される。彼を救える者は、ただスレイマンのみであった。

ウィーンへの道

サポヤイはイスタンブルに使者を送り、封臣として援助を要請した。スレイマンがそれを受け容れたことを知ったフェルディナントも同様に使者を送ったが、高飛車に領土（ハンガリー）の返還を要求する使者は、かえってスルタンによって囚われた。こうしてスレイマンは、フェルディナントとその背後にいるカール五世とを討つべく一五二九年五月一〇日、一二万の兵、数百の大砲、三万にもおよぼうという輸送用のラクダとラバとを備えた大軍とともに、イスタンブルを発ったのである。

九月にスルタンは、三年前の決戦地モハッチで、サポヤイを臣従させた上で改めてハンガリー国王位に就け、さらにブダへと向かった。数日の包囲でこの町を陥落させると、次いでスレイマンは、ウィーンへの進軍を命じた。

「スペイン王」とオスマン側に認識されていたカール五世は、このとき宿敵フランソワ一世（一四九四〜一五四七）のフランスへの対応などに忙殺されて、弟を救援するゆとりを持たなかった。そしてそのフェルディナントは、ウィーンを捨ててドナウ川上流のリンツにいた。ウィーン陥落に備えた布陣だった。ヨーロッパの危機は深刻だった。その深刻さは、この年二月、「信仰の自由」取り消しという皇帝の背信（第二次シュパイアー帝国議会）に対して「抗議書」を提出し、「プロテスタント」として結束したばかりのドイツ新教諸侯にも、カトリックのフェルディナント救援を躊躇《ちゅうちょ》させないほどのものであった。「井の中の」争いを続けている場合ではないことが、すべての人々に認識されていたのである。

だが、オスマン軍の今回の進軍は、はじめから天候に恵まれなかった。大雨と洪水に悩まされ、ベオグラードへ到着するまでに、すでに二ヵ月が費やされていた。九月二七日に彼らがウィーン城下へ到着したときも、豪雨の中だった。泥濘《でいねい》に足を取られる兵を見て、寒さの近づくことを恐れたスレイマンは、進軍の妨げとなる巨大砲を捨ててウィーンへ急いでいた。

　一方オスマン軍の遅れはウィーンに機会を与えた。城壁の補修は十分に行なわれたし、弾薬、食糧も有り余るほどに蓄えられた。消防の施設が整えられ、城壁外の家屋は取り壊されていた。そしてカトリック勢力の中心バイエルン侯に率いられたウィーン防衛軍二万は、一〇〇〇〇人あまりの市民義勇兵ともどもよく防戦に努め、城壁突破の切り札である巨大砲を進軍途中で置き去りにしてきたオスマン軍の攻撃をしのいでいた。包囲軍は、城内からの出撃は粉砕しても、これを追って城内へ突入することは、どうしてもできなかった。やがて食糧も弾薬も不足し始め、将兵の間に不満の声も出始めた。一〇月も一〇日を過ぎると雪が降り始めた。こうした状況を見たスレイマンは、ついに、イェニチェリたちに褒賞金《ほうしょうきん》を与えると同時に、陣をたたんで撤退することを命じた。

　ウィーンと、そしてヨーロッパは大きな危機を脱した。だがウィーンはその後もオスマン軍の再来に怯《おび》えなければならなかったし、また事実、スレイマンはカール五世打倒を諦めたわけではなかった。

第三次ハンガリー遠征

ウィーンが大きな恐怖から解放されてほぼ一年後、フェルディナントの使者がイスタンブルに到着した。オスマン軍をハンガリーから追放できなければ、自分を国王に推したハンガリー貴族の支持を失うことになるのを恐れたフェルディナントは、再びスレイマンに対してハンガリーの返還を求めたのだった。

繰り返すが、スレイマンにとってカール五世は「スペイン王」に過ぎなかった。フェルディナントは、ローマ皇帝を僭称《せんしょう》するそのスペイン王のウィーン総督だった。尊大で身の程知らずなこのスペイン王を倒すべく、「真の皇帝」スレイマンは一五三二年四月、第三回目のハンガリー遠征に出発する。狙いはあくまでカール五世にあった。

カールはプロテスタント諸侯に譲歩してその協力を得、自らウィーンに入って決戦に備えていた。しかし今回スレイマンの軍はハンガリー南部をゆるゆると進み、ウィーンの南一〇〇キロほどにある要塞を時をかけて陥落させたあとは、さらに西へ進んでオーストリア南東部のシュタイアーマルク（スティリア）地方を劫略《こうりゃく》し、グラーツに入城した。カールを遭遇《そうぐう》戦《せん》に誘い出し、モハッチの戦いの再現をもくろんでいたのではないかと考えられている。しかしカールは誘いに乗らず、オスマン軍がシュタイアーマルクへ向かうのを見るとウィーンを出、イタリアへ抜けてさらにスペインへ戻ったのだった。スレイマンは結局カールの軍を捕捉、あるいは誘い出すことができずに、一一月にはイスタンブルへ「凱旋」する。大軍の大遠征によって、兵站線《へいたんせん》が限界を越えて伸びていたことを、おそらくスレイマンは理解していたと思われる。翌三三年にこの戦役の講和が結ばれ、フェルディナントはスレイマンを父と仰ぐことを認め、さらにハンガリー中央部の領有権は放棄させられることになった。

このように、二人の「皇帝」は、ついに相まみえることはなかった。だが今回の遠征で、スレイマンはローマ皇帝としての自己の存在をヨーロッパ世界に顕示するための道具立てを準備していた。それによってスレイマンは、自分と「スペイン王」との立場の違いをはっきりさせようとしていたのだった。

「皇帝」スレイマンの四重冠

第三次ハンガリー遠征——それは、カールが出撃して来さえすれば第二次ウィーン遠征になるはずだった——に備えて、スレイマンはその寵臣であり、大宰相であったイブラヒム・パシャ（?～一五三六）を通じてヴェネツィアの金細工師に、さまざまな宝石に飾られた黄金の四重冠を作らせていた。スレイマンは西洋世界において王冠が持つ意味を理解していた。それは一五二九年のハンガリー遠征に際して、彼がサポヤイ・ヤーノシュへ加冠したことにも、また自らの称号の中に、「地上の君主たちへの王冠の授与者」を加えたことにもよく表われている。この四重冠は、ローマ教皇の三重冠と、そしてその教皇によって行なわれた「スペイン王」カールへの皇帝加冠とを意識して作らせたものだったのである。

スレイマンの四重冠
（ニューヨーク・メトロポリタン美術館蔵）

スレイマンが自らを皇帝《カエサル》と呼び、つねづねローマ進軍について述べていたことを、ヴェネツィアの史料が語っている。また別のヴェネツィア人は、一五三〇年にボローニャで行なわれた教皇クレメンス七世（一四七八〜一五三四）によるカールへの加冠に対してイブラヒム・パシャが、スレイマン以外のいったい誰がカエサルたりうるのか、と憤慨《ふんがい》していたことを伝えている。世界にカエサルはただ一人、スレイマンのみであるという信念が、彼らにカールとクレメンスとの打倒を決意させ、オーストリアとイタリアとを同時に攻撃することを考えつかせたのである。そしてその具体化が、一五三二年のハンガリー遠征なのであった。したがって進軍途上のベオグラードは、古代ローマの様式に沿った凱旋門で飾られていた。

またこの四重冠には、「アレクサンドロスの戦勝記念」の意味も与えられていたという。この冠とともにウィーンへ進むことで、世界の支配者、第二のアレクサンドロスであることをヨーロッパ世界に誇示する意図が、スルタンと大宰相にはあったと言われている。メフメット二世によるコンスタンティノープル征服によって、オスマン・スルタンが獲得した地中海世界の王者としての自覚と資格とが、今スレイマンによって受け継がれ、実を結ぼうとしていたのである。皇帝を僭称する者と、その僭称者に加冠した者とを同時に打倒し、東西世界を征服、融合した真のカエサルとして普遍国家を実現すべく、スレイマンはウィーンへ旅立っていたのだった。

では、そうしたスレイマンの姿勢に象徴される、この時期における圧倒的なオスマン帝国の存在は、ヨーロッパ世界にとってどのような意味を持っていたのであろうか。

2　オスマン対ハプスブルク

スペイン王カルロス一世から神聖ローマ皇帝カール五世へ

カール五世は、ハプスブルク家の神聖ローマ皇帝マクシミリアン一世の息子でブルゴーニュ公であったフィリップ（美公）を父に、アラゴン王フェルナンドとカスティリヤ女王イサベルとの娘フアナを母に、その長子として一五〇〇年にフランドルのガンで（したがって当地の読みで「シャルル」として）生まれた。スレイマン一世より五歳、そしてもう一人の宿敵であるフランソワ一世より六歳の年少であった。一五一六年にスペイン王が没したとき、カールの父は早世しており、また母は病気だったために、彼はカルロス一世として、まずスペインの王位に就いた。前年の一五一五年には弟のフェルディナントが、ヤギェヴォ家の王女で、ボヘミアとハンガリーとの王位継承者であったアンナと結婚していたから、この時点でハプスブルク家は、オーストリアとブルゴーニュ公領（ネーデルラント、フランシュコンテ）とに加え、新大陸領を含むスペイン、南イタリア、ハンガリー、ボヘミアをもその領土としたのだった。

さらに一五一九年には、祖父マクシミリアンの死去にともなう皇帝選挙において、カールはフッガー家の資金に支えられて二トン（八五万フローリン）の金貨を使い、一・五トンの金貨（四〇万エキュ）しか費やせなかった対立候補フランソワ一世を破って皇帝に選出された。神聖ローマ皇帝カール五世となり、さらに君公として一八の冠を戴いたと言われる彼は、以後皇帝の権威と不抜《ふばつ》のカトリック主義とによって、ヨーロッパ世界を統合する普遍国家を建設すべく邁進してゆくことになるのであった。普遍国家の実現を目指すいま一人の君主、スレイマン一世即位の前年であった。

世界国家建設への障害

しかし、カールの世界国家建設の前には、多くの障害が横たわっていた。まず、イタリア戦争を戦っていたフランソワ一世がいた。そもそもフランスが、この時期すでにコンパクトな国民国家の原初的形態を示し始めていたことと比べれば、カールの帝国は、その存在自体がすでに時代錯誤的だったと言えよう。

また、弟のフェルディナントが王位を継いだボヘミアとハンガリーは、前国王でフェルディナントの義弟であったラヨシュがオスマン軍と戦って敗死したことによって、ハプスブルク領に加えられたものだった。したがって――すでに見たように――ハンガリー国王としてのラヨシュの後継には、スレイマンに臣従を誓っていたハンガリー諸侯の支持を得たサポヤイ・ヤーノシュが別に選任されていた。しかも、ハンガリーやボヘミアの諸侯にとって自国の独立は自明であったから、ハプスブルク家による王権強化策には、彼らは強い抵抗を示したのである。

さらに宗教改革をめぐる混乱が、カールの足元を揺さぶっていた。

フィレンツェにサヴォナローラ（一四五一～一四九八）が現われたのが一四九四年のことだった。シャルル八世がナポリ王位継承権を主張してイタリアへ進軍し、ローマを囲んでメフメット二世の次子ジェムの引き渡しを要求した、その年である。ルター（一四八三～一五四六）がウィッテンベルクの教会に「九十五箇条の意見書」を張りつけたのが一五一七年。二一年にはカールが召集したウォルムスの国会で、ルターは主張の撤回を拒否して教皇から破門の処分を受けることになる。そしてスレイマンのハンガリー遠征とウィーン包囲とが、ドイツ国内のこうした混乱のさなかに行なわれたのである。

また、カールは海上からも脅かされていた。オスマン海軍による地中海制覇が、彼の普遍国家建設に大きく立ちはだかっていたからである。

海賊アンドレア・ドリアとハイレッディン・バルバロス

レコンキスタを完成させたフェルナンドとイサベルの孫として、カール五世にはスペインの生命線とも言える北アフリカ沿岸地域と西地中海とを確保する必要があった。西地中海は、宿敵フランソワ一世にとっても枢要な海域であったから、そこでの覇権確立は、カールにとって二重の意味で重要だった。だが一六世紀の初頭、ハプスブルク家は強力な海軍を持っていなかった。

実際に地中海を押さえていたのは、ローマ教皇、ナポリ王、フランス王など、その雇い主を転々と換えてきたジェノヴァ人傭兵隊長アンドレア・ドリアであった。ドリアは、フランソワ一世のために何度かカールのスペイン艦隊を撃破していたが、フランソワが彼を相応に遇さなかったため、今度は皇帝カールに仕えることになった。こうしてドリアは、トレムセンをはじめとする北アフリカの諸港をカールのために占領し、さらに一五三二年、スレイマンが第三次ハンガリー遠征を行なっている時期にギリシアへ向けて出撃し、南部のモレアにある要塞コロンを奪取してみせもしたのである。

だが、スレイマンも強力な艦隊を味方につけていた。オスマン側ではハイレッディン、ヨーロッパではバルバロッサ（「赤ひげ」。トルコ語になまって「バルバロス」）と呼ばれる海賊の首魁《しゅかい》である。バルバロスは、メフメット二世によるエーゲ海、レスボス島征服ののち、

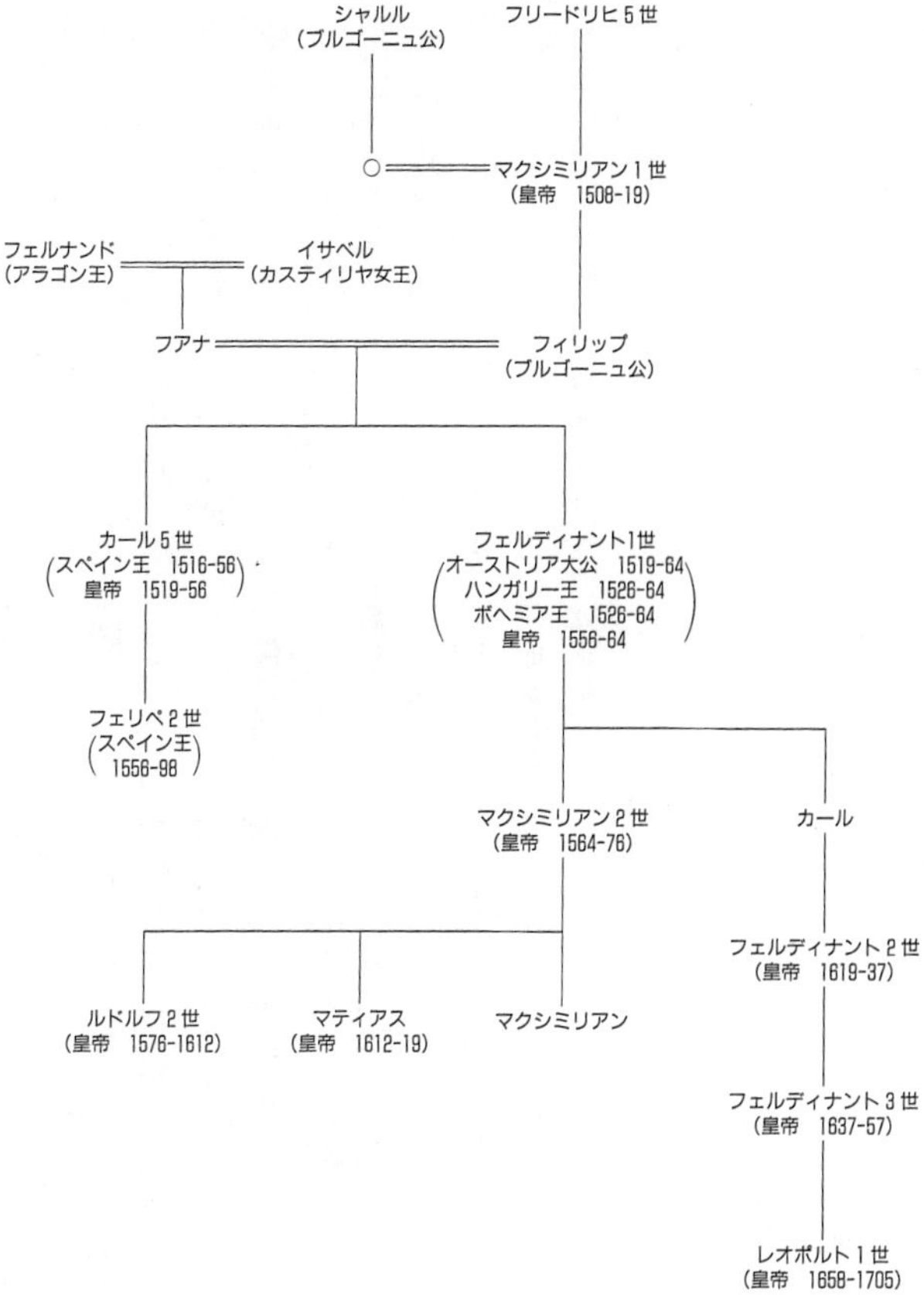
シャルル
（ブルゴーニュ公）
フリードリヒ５世
○
マクシミリアン１世
（皇帝　1508-19）
フェルナンド
（アラゴン王）
イサベル
（カスティリヤ女王）
フアナ
フィリップ
（ブルゴーニュ公）
カール５世
（スペイン王　1516-56
皇帝　1519-56）
フェルディナント1世
（オーストリア大公　1519-64
ハンガリー王　1526-64
ボヘミア王　1526-64
皇帝　1556-64）
フェリペ２世
（スペイン王
1556-98）
マクシミリアン２世
（皇帝　1564-76）
カール
ルドルフ２世
（皇帝　1576-1612）
マティアス
（皇帝　1612-19）
マクシミリアン
フェルディナント２世
（皇帝　1619-37）
フェルディナント３世
（皇帝　1637-57）
レオポルト１世
（皇帝　1658-1705）

ハプスブルク家略系図

同島を領地とした騎兵《スィパーヒー》の子として生まれていた。兄弟たちとともにバルバロスは海賊となり、エーゲ海からイオニア海を荒らし回った。彼らはさらにその活動範囲を西地中海に広げ、北アフリカ沿岸地帯を次々に占領していった。だがバルバロスは、その地でスペイン艦隊の組織力を実感し、これに対抗すべくオスマン帝国の力を利用することを思いついた。こうして彼はセリム一世に臣従を誓い、代償に兵員や武器を受け取ったのである。

しかしセリムのあとを継いだスレイマン一世は、ロードス島のヨハネ騎士団を討ったあとは陸戦に集中してバルバロスの存在を忘れたかに見えた。そうした中、一五三〇年代に入って、カールがアンドレア・ドリアを使って攻勢に出、コロン要塞までが奪われると、スレイマンはようやくバルバロスを召還する。一五三三年のことであった。バルバロスは艦隊を率いてイスタンブルへ入港し、大提督に任命された。こうして、スレイマンとカールのいずれもが、地中海を活動の場としていた独立水軍を味方に引き込むことで、海軍力の弱体を補おうとしたのである。

地中海を自国の湖に

バルバロスは直ちにコロンを奪い返し、さらにナポリ沿岸を劫略してからチュニスへ向かった。アルジェ、チュニス両市をオスマン側に占拠されて、カール五世は危機感をつのらせる。一五三五年、カールは自らスペイン、ポルトガル、ナポリ、ジェノヴァ、さらにアンドレア・ドリアの船団を含む大艦隊を率いてチュニスへ向かった。少数の船団しか持ち合わせなかったバルバロスは、わずかの抵抗ののちにチュニスを退去し、この港町は皇帝軍の徹底的な掠奪と暴行とにさらされた。ヨーロッパはチュニスの戦捷《せんしょう》に沸《わ》いたが、しかし事態はそれほど楽観できるものではなかった。

スレイマンはただちに艦隊の増強に取りかかった。数ヵ月で二〇〇隻の艦船を進水させて、スルタンは一五三七年、西地中海へ向かった。このたびはフランスとの共同作戦であり、スレイマンの艦隊にはフランス大使も乗り込んでいた。だがフランソワ一世の変心によって共同作戦を実施できなくなったオスマン海軍は、やむなくエーゲ海へとって返すと、ヴェネツィア支配下にあった島々を徹底的に劫略して、それらをオスマン支配下に組み入れた。

ヨーロッパ、特にヴェネツィアが恐慌を来たした。これを救うべく、ローマ教皇が呼びかけて神聖同盟が結成される。そして一五三八年九月、アンドレア・ドリアに率いられた同盟側の、総数六〇〇隻とも言われる大艦隊が、イオニア海岸にあるオスマン側の拠点港プレヴェザに攻撃を仕掛けたのだった。しかし指揮系統に統一の見られなかったこの大艦隊は、数ではるかに劣るバルバロスの船団に奇襲攻撃を受けて、あっけなく敗走した。和平交渉の結果、ヴェネツィアはスレイマンに屈してエーゲ海上の島々を放棄し、一方オスマン艦隊は、（カールの艦隊がいまだ健在であったとはいえ）地中海全域に覇を唱え、そこを自国の湖としたのである。

このように、地中海から見てもオスマン帝国の存在はヨーロッパにとって大きな「脅威」だった。そして同時に、カール五世が進めようとするヨーロッパの一体化、普遍国家の建設にとっても、それは大きな障害であった。だがカールは逆に、この「脅威」を利用しようとした。

「トルコの脅威」を利用したハプスブルク兄弟

キリスト教ヨーロッパが、イスラムという「伝統的な」敵に脅かされていること、それもかつてないほどの圧倒的な力で脅かされていることは明らかだった。当然「伝統的な」やり方で、すなわち十字軍という形で反撃に出ねばならない。その反撃の――さらにキリスト教世界防衛の――指導者としての資格を、もっともよく備えているのはカール五世だった。彼は神聖ローマ皇帝であり、しかもつい最近、イベリア半島からイスラム勢力を追い落としたフェルナンドとイサベルの孫なのだった。カールはそれを最大限に利用しようとした。

キリスト教世界を外敵から守るとともに内部における統一も回復すること。そのために有名無実化していた帝権を復活させ、ヨーロッパの諸君主をその下に押さえ込み、まとめ上げること。これが皇帝に課された（とカールが信じた）責務だった。しかし騎士道物語を愛し、戦闘の指揮をとる自らの姿を愛して戦場から戦場へ移動して歩いたこの皇帝は、実際には広大な所領――広大であるだけでなく点在していた――を一元的に律する統治の方式すら持ち合わせてはいなかった。また、そうした多元的（あるいは分権的）統治は、皮肉なことにハプスブルク家の伝統でもあったのである。

そうした中で、「トルコの脅威」を掲げて、より具体的な成果を上げたのは、むしろカールの弟、フェルディナントの方だったかもしれない。彼が新たに手にしたボヘミアとハンガリーは――後者の大部分は実質的にスレイマンの手にあったが――オスマン帝国の圧力をより直接的に、いわば肌身に感じていたから、それを掲げて王権の強化を図ることには、十分な説得力があったのである。彼はそれを梃子《てこ》に、軍事のみならず、財政、司法に関しても集権化を図っていった。

オーストリアの財政を圧迫する「キリスト教世界防衛」のコストは、新たに課された「トルコ税」によって埋め合わされた。ハンガリー諸侯は、現実にオスマン軍と戦い、あるいはそれに臣従していたから、「トルコの脅威」の現実を理解していたし、またフェルディナントも彼らの支援を実際に必要としたから、その集権策は緩《ゆる》やかなものとならざるをえないところがあった。しかしボヘミアでは、オスマン軍との直接的接触がなかったため、いわば「無知」を逆手に取る形で、「トルコの脅威」はここでより有効に使うことができた。フェルディナントは国内有数の銀山の採掘権を奪い、新教派の都市を弾圧してその自治権を取り上げていった。ボヘミアのハプスブルク家に対する従属が、こうして「トルコの脅威」を利用しながら準備されていったのである。

このように、ハプスブルク家の兄弟にとって、オスマン帝国の存在とその圧力は、たしかにカトリック的普遍国家実現のための阻害要因ではあったが、しかし同時に、その実現へ向けて利用できる「切り札」でもあったのである。

一方、ヨーロッパ世界において当時カール五世と敵対していた諸勢力にとって、オスマン帝国はまた別の意味を持っていた。

3 近代ヨーロッパの成立とオスマン帝国

フランソワとカール、対立の淵源

一三世紀末におけるアラゴンのシチリア進出を契機とする、スペインとフランスとの間の（イタリア支配をめぐる）確執は、フランス王シャルル八世のナポリ占領（一四九五年）によって一層激化した。繰り返すがこのとき、シャルルはナポリへの進軍中にローマでメフメット二世の次子ジェムを奪っている。その直後、カール五世の祖父であるアラゴン王フェルナンドは、いま一人の祖父ハプスブルク家の神聖ローマ皇帝マクシミリアンと婚姻関係を結んで——すなわちカール五世の父であるブルゴーニュ公フィリップに娘を娶《めあわ》せて——フランス包囲網を作り上げたから、フランスのスペインに対する敵意はさらに深まった。また、そもそもマクシミリアンがブルゴーニュの公女を娶《めと》ってネーデルラントとフランシュコンテを領有したことでも、ハプスブルクはフランスの敵意を買っていた。

こうした一連の事情によって、カールは二人の祖父から、ブルゴーニュ公とスペイン王という地位とともに、フランスの敵意と、そして特にイタリア支配をめぐるそれとの競合関係を、同時に受け継いでいた。しかもカールは神聖ローマの帝位にも就くから、イタリア支配の願望は、彼の心を強く捕らえて放さなかった。

一方シャルル八世のナポリ占領は、教皇にもヴェネツィアにも嫌忌され、イギリスまでをも巻き込んだ反仏同盟が作られる。フランスは明らかに旗色が悪かった。そして世紀が変わるとともにアラゴン側の攻撃を受け、一五〇五年にはフランソワ一世の岳父であるルイ一二世が、アラゴンのナポリ領有を承認することになる。フランソワが即位したのは、その一〇年後のことだった。

フランスの危機

一五一五年、フランソワは即位後ただちに、ハプスブルクの強大化を警戒するようになっていたヴェネツィアと結んで、カールの祖父マクシミリアンの庇護を受けるミラノを攻撃してこれを破った。だがフランソワは、翌年カルロス一世としてスペイン王となったカール

フランソワ1世
(Hegyi & Zimányi, 前掲書)

と、神聖ローマ帝位を争って敗れ（一五一九年）、二五年にはパヴィアで、ミラノにおけるカールの代官に大敗を喫し、あろうことかマドリードで虜囚の身となった。

　フランス王国は存亡の機に立たされた。この危機の中、パリに残された母后と重臣は各国を説いて、反ハプスブルク同盟の結成に努めていった。その際に、真の意味でローマ皇帝たろうとするカール五世の普遍国家への志向、すなわち世界支配の野望が、ヨーロッパにとっていかに危険なものであるかが強調された。イギリスのヘンリー八世も巻き込んで、その年のうちに同盟はなったが、強大なハプスブルク帝国の力に抗するには、それはいかにも脆弱《ぜいじゃく》だった。

　母后と、そして——ブルゴーニュ、イタリアにおける宗主権の放棄などを代償に——マドリードから解放されたフランソワとは、ハプスブルクに対抗してヨーロッパにおける勢力均衡を作り出すため、より強大な成員の参加を模索する。そしてその成員こそが、スレイマン一世指揮下に成長を続けるオスマン帝国であった。一五二五年中に彼らは窮状を訴える書簡をイスタンブルへ届け、スレイマンから同情を表わす返書も得て、両者の関係は親密の度を増してゆく。

だがスレイマンによるハンガリー征服が、その翌年に行なわれた。

オスマン・フランス同盟

ハンガリーの征服とフランスのオスマン接近とは、ただちにヨーロッパに知れ渡った。ハプスブルク側の非難は、ことに激越だった。その非難を、誰も否定することはできなかったが、しかし、戦死したハンガリー国王の後継として、カールの弟フェルディナントと、スレイマンの認めるサポヤイ・ヤーノシュとが並び立つと、教皇も、ヴェネツィアも、ドイツの新教諸侯も、いずれもがハプスブルクの強大化を警戒してサポヤイに好意を示したのだった。

その後もフランソワは根気強く、かつ慎重にスレイマンとの交渉を続けていった。オスマンの圧力がオーストリア・ハプスブルクに強くかかりすぎれば、カールに敵対するドイツ新教諸侯が皇帝と妥協してこれを援護し、結果としてカールの強大化を呼ぶことになる危険があった。したがってフランソワは、スレイマンの目標をイタリアへ向けようとした。その努力はただちに効を奏することはなかったが、しかし結局はハイレッディン・バルバロスの地中海出撃という実を結ぶことになった。

一五三四年にはバルバロスによる北アフリカ沿岸諸港の占拠と並行して、オスマン使節団がマルセイユに上陸し、パリを訪れるにいたる。さらに翌年、フランス側の使節がイスタンブルへ到着して、両国の同盟関係が確認され、三六年初頭にはオスマン領内においてフランス人が交易を行なう自由、フランス領事のオスマン領内常駐、さらに彼らによる領事裁判権などを内容とする通商特権（いわゆるcapitulations《カピチュレーション》）の賦与が、大宰相イブラヒム・パシャによって約束された。そして一五四〇年代前半には、フランス・オスマン連合艦隊が実際に形成され、カールに対する作戦に従事することにもなるのである。

だがキリスト教君主として、スレイマンの同盟者フランソワの行動は決して首尾一貫とはゆかず、さらにカールとの対立の根本にあったイタリア支配に関しても、結局彼は一五四四年、その勢力を北イタリアから一掃されて（クレピーの和約）、長年の望みを断たれることになる。この和約はさらに、フランソワ、カールいずれもが他界したのち、一五五九年のカトー・カンブレジ和約で再確認されて、イタリアはハプスブルクの影響下に置かれることになるのである。

このように、フランソワの戦略は必ずしも彼の思い通りの結果を導いたわけではなかった。だが、彼の下でフランスは、教会勢力や旧貴族の力が抑えられて中央集権化が進み、強化された王権による凝集力の高い「近代的」国家への歩みを始めたのであった。コレージュ・ド・フランスの前身（王立教授団）を作り、イタリアから数多くの文化人を招聘してフランス文化の形成に貢献したのも、さらにヴィレール・コトレ王令を発して、ラテン語にかえてフランス語を公用語としたのもまた、フランソワだった。

そして、大時代的な普遍国家を目指していたカールとは正反対の方向性を持って、近代へと連なるフランス国家を形成し始めたこのフランソワを、背後から援護し、結果的にその国家形成を保護したのがスレイマンであった、と言うことができるであろう。

同じように、ハプスブルク家のお膝元近くで——すなわちドイツにおいて——新教徒が政治勢力として自立し、のちにより凝集力の高い近代国家を成立させてゆく上でも、オスマン帝国の存在と力とは、やはり大きな役割を果たしていた。

ドイツ新教諸侯の「後ろ盾」としてのオスマン帝国

マルティン・ルターは一五二一年に教皇によって破門された。しかしルターとその支持者たちの福音主義は、都市と農村とを問わずに受け容れられ始める。ルターはザクセン侯の保護を受け、さらに一五二四年からは、彼の福音主義と結びついた大規模な農民叛乱がドイツを覆うことになる。ルター自身はこうした急進的な展開に戸惑い、この「ドイツ大農民戦争」を鎮圧する諸侯たちと結ぶ道を選ぶが、かえってそのことによってドイツ諸侯、および帝国都市の多数がルターの教説を支持することになるのだった。

当然、カール五世はカトリック的立場からも、また彼の帝国の政治的分裂を防ぐ意味からもこうした動きに否定的だった。したがって、そのカールの帝国を東から圧迫するオスマン帝国の存在は、ドイツに宗教改革の勢力を確立しようとする人々にとっては有益な力とみなされることになる。そもそもルター自身が、オスマン軍の攻勢を教皇とその周辺の腐敗、堕落に対する神罰であると認識していたし、彼は一五二〇年代初頭には、「トルコ人」と戦うことに反対していたのだった。

一五二五年にフランスを中心に反ハプスブルク同盟が作られ、さらにフランソワ一世がスレイマン一世に援助を求めて接近した翌年、オスマン軍のハンガリー遠征が行なわれる。窮したカール、フェルディナント兄弟による支援の要請に対し、新教諸侯は「トルコの脅威」を初めて取引材料として用いた。こうして一五二六年にシュパイアーで開かれた帝国議会において、新教諸侯と帝国都市とは教義を選ぶ宗教上の決定権を与えられたのであった。

しかし一五二九年春、フランソワとの抗争に一段落つけた皇帝は、再びシュパイアーで開いた議会で三年前の譲歩を一方的に撤回する。よく知られているように、これに抗議した諸侯が「抗議書」を提出して、政治勢力としての「プロテスタント」が文字通り出現することになるのである。五月末のことであった。このときスレイマンの率いる大軍は、ハンガリーを目指してイスタンブルを出陣した直後だった。四ヵ月後にこの大軍がウィーンに迫ると、皇帝兄弟は諸侯を動員する。今回、「抗議」していた諸侯もその動員に無条件で応じたが、それはこのたびのオスマン軍の行動が、キリスト教世界にとってあまりにも大きく、深刻な危機と受け止められたからであった。「トルコ人」と戦うなと述べていたルターも、今回はハプスブルク兄弟を助けることに賛意を表していた。だがオスマン軍が撤退すると、新教諸侯は翌年ただちにシュマルカルデン同盟を結成して、再び皇帝の抑圧策に対抗することになるのだった。

さらに一五三二年に行なわれたスレイマンの第三次ハンガリー遠征に際して、彼らはニュルンベルクの宗教和議締結を引き出し、さらに四〇年代後半のシュマルカルデン戦争を経て、一五五五年のアウクスブルク宗教和議において、プロテスタントの存在を公式に認めさせるにいたる。こうした動きの背後には、フランソワの子アンリ二世（一五一九〜一五五九）の援助があったと言われるが、そのアンリの背後には、常にスレイマンがいたのである。

では次に、一七世紀にヨーロッパ経済の中心としてその発展を牽引《けんいん》することになる主権国家の成立が、オスマン帝国の存在によって側面から守られていた様子を見てゆこう。

ネーデルラントの独立を側面から助ける

アウクスブルク宗教和議ののち、失意のカール五世はネーデルラントを長男フェリペに生前贈与し、それをきっかけにハプスブルク帝国は皇弟フェルディナントが継ぐオーストリア系と、長男のスペイン系とに分割されることになる。フェリペ二世（一五二七〜一五九八）となったこの長男は、一五五九年以降スペインに住み続け、熱烈なカトリック戦士として新教徒の抑圧、異端審問を強行していった。そして彼の領土だったネーデルラントには、カルヴァン派の浸透が著しかった。

敵国フランスが、一五六二年以降ユグノー戦争で動揺しているのも見ているフェリペは、ブリュッセルの執政を通じて新教徒を弾圧し、さらに新たな司教区の設置とその人事権の掌握などによって集権化を貫徹しようとした。すでにヨーロッパ経済の中心として自立的な活動になじんでいたネーデルラントの商人や貴族は、フェリペのこの強硬策に激しく反撥して、教会焼き討ちや聖像破壊などの挙に出て抵抗した。そしてこの動きを押さえつけるため、六七年にはアルバ公がスペイン軍を率いて乗り込み、圧制を始める。独立戦争（八十年戦争）の勃発は、その翌年のことであった。

そしてこの時期、フェリペはオスマン海軍に対する大規模な作戦を始めていた。地中海では、一五四六年に死んだバルバロスの後を継いだ海賊たちの、比較的小規模な行動がしばらく続いていたが、五〇年代の後半にシチリアからサルディニア一帯、さらに北アフリカ沿岸が大規模な攻撃、掠奪を受けると、一五五九年、フランスとカトー・カンブレジ和約を結んでイタリア戦争を終結させたフェリペは、地中海での反撃を決意する。こうして、一五六〇年から継続的に、新艦隊の建造と新たな作戦の発動とが行なわれることになった。そしてこれが、スペインの国庫に大きな負担を強いることになるのである。

総督アルバ公の名だたる圧制に対抗する、新教徒の指導者オラニエ公ウィレム（一五三三

〜一五八四）は、フェリペの地中海作戦が、ネーデルラントに対するスペインの圧力を軽減させることになるのをよく理解していた。そのためウィレムはイスタンブルへ使者を送って、スペインに対するオスマン海軍の攻撃を継続するよう交渉させたのであった。実際、レパント海戦（一五七一年）にいたるスペイン海軍の増強策は、ネーデルラント鎮圧に向けるべき資金と人員とを大幅に削減させることになったのである。こうしてここでも、主権国家オランダ共和国の成立に、オスマン帝国の存在が欠かすことのできない重要性をもっていたのであった。

自己の利益のためには異教徒であってもその力を借りるに吝《やぶさ》かではない、あるいは宗教の差にそれほどこだわらないという態度は、イスラム側に——そして遊牧トルコにはイスラム受容以前から——普遍的に見られるが、こうした態度は、キリスト教諸国においてはためらいがちにしか試みられなかったし、なおかつ一貫してもいなかった。だがそうした態度が、世俗の君主たちだけでなく、ローマ教皇にも見られたことは、ともすれば宗教が戦争の原因、あるいは「大義」となってきた歴史——オスマン帝国もまたシーア派のサファヴィー朝と戦った——の中で、際だって見えるように思われる。

ローマ教皇とオスマン帝国

教皇にとっても、ハプスブルク家の普遍国家への志向は危険なものだった。イタリアへ介入しようとするカール五世の、さらなる強大化を恐れたクレメンス七世が、パヴィアで敗れてマドリードに囚われたフランソワ一世支持に回ると、皇帝の傭兵は一五二七年、ローマに攻め入ってこの都を一週間にわたって掠奪しつくした（クレメンスによるカールへの加冠はその三年後のことである）。以後歴代の教皇は、一方で宗教改革を抑えるという点ではハプスブルクと方向性を共有しながら、他方では、そのハプスブルクの力を抑制したいという願望を持ち続けたのである。

一五五五年に教皇位に就いたパウルス四世（一四七六〜一五五九）は、すぐにオスマン海軍によるイタリア攻撃にさらされたが、彼にとってより重大だったのは、それよりむしろ、アウクスブルクにおいてカール五世がプロテスタント諸侯と帝国都市とに譲歩し、ルター派を公認してしまったことだった。教皇はその後、盟友であるアンリ二世の同盟者であるスレイマンより、むしろカールとフェルディナント、そしてフェリペに、苦しめられるのである。アルバ公による教皇領侵犯に直面して教皇は、一五五六年末に枢機卿《すうきけい》をヴェネツィアへ送り、反スペイン同盟を模索させた。そしてそのヴェネツィアは——常識とは裏腹に——プレヴェザ（一五三八年）、レパント（一五七一年）両海戦の前後を例外に、スレイマン時代のオスマン帝国とは友好的関係を保つことに腐心していたのだった。イスタンブルに駐在するヴェネツィア大使こそが、常にヨーロッパに関する最新の機密情報をオスマン側に伝える役割を果たしていたのである。

したがってパウルス四世のヴェネツィアへの働きかけは、スペインの圧力に抗するためにオスマンの力を借りようとする意味も持っていたと考えられる。すでに同じ一五五六年九月に教皇は、フランスのアンリ二世にオスマン艦隊と協力するよう示唆してもいた。また教皇とスルタンとはこの年の三月、イタリアのアンコナにおけるオスマン人ユダヤ教徒の問題をめぐって、直接交渉をしていたともいう。こうした一連の動きは、教皇が「トルコ人からの援助」を要請した、とか、あるいはすでに援助を得た、という噂を広める結果をもたらしたのであった。

しかし一五五七年九月にスペインとの和平がなると、教皇の態度はより慎重になる。さらに五九年、パウルス四世が死去し、また同年カトー・カンブレジ和約によってイタリア戦争も終結すると、教皇の態度は従来の「トルコ人への闘争」を鼓吹するものへ戻ることになる。だがいずれにせよパウルス四世の態度は、ヨーロッパ内の抗争を自己に有利に解決するためにオスマン帝国の力に頼ろうとする、ヨーロッパの諸君主に共通する態度を、教皇さえもがとったことを示すものと言えるだろう。そしてこの事実はそのまま、スレイマン時代のオスマン帝国の巨大さを証明するものでもあったろう。その巨大さと対峙《たいじ》しながら、またその援助、あるいは保護を得ながら、ヨーロッパは自己形成を果たしていったのである。

第四章　逆転――ヨーロッパの拡張とオスマン帝国

1　最初の暗雲――スレイマン一世の死

イブラヒム・パシャの処刑

スレイマン一世の晩年、すなわち一六世紀の後半に、オスマン帝国はその様相を大きく変えてゆく。だがその前にまず、スレイマンの治世の前半を支えてきた寵臣イブラヒム・パシャが一五三六年に処刑されたことが、ヨーロッパの芸術家、職人の保護者としてのオスマン宮廷の性格を転換させた。

ギリシアのイオニア海岸にある小島で暮らす美貌で聡明な少年漁師（あるいは少年舟乗り）が海賊の捕虜となり、あるいは掠奪されて皇太子時代のスレイマンに献じられてからの出世の早さは、ほとんど常軌を逸すると言ってもよいほどのものだった。スレイマンとほぼ同年代だったこの少年はイブラヒムと名づけられ、主人と常に行動をともにしていた。ギリシア語、トルコ語のほか、イタリア語、ペルシア語にも通じたイブラヒムは、主人の即位後、鷹匠長を皮切りに電撃的な立身を遂げ、おそらく三〇歳に満たずに大宰相の地位を与えられた。主人の妹を娶ることにもなったイブラヒム・パシャは、スレイマンの即位直後にエジプトで起こった叛乱を鎮圧し、オスマン領に組み込まれて間もないこの属州における統治機構の確立にも、見事な手腕を発揮していた。

以後のオスマン軍の西方進出にも従軍し、またキリスト教諸国との交渉にも当たったイブラヒムは、西洋世界に対してスルタンの富と権力とを誇示し、スレイマンが真の皇帝《カエサル》であることを証明しようと努めていた。そして彼は、ヨーロッパの工芸品に対して、ほとんど湯水のように金をつぎ込んでもいた。メフメット二世以来の、芸術家のパトロンとしてのオスマン宮廷の役割は、イブラヒム・パシャによって、ほとんど地中海全域を覆うコスモポリタンな文化の演出者の地位にまで高められようとしていたのである。

しかしスルタンにも並ぶ権力と巨万の富とを手にしたこの権力者を憎むものが現われた。スルタンの愛妾ヒュッレム（ヨーロッパではロクセラーナ、あるいはロクソランとして知られる）がそれである。おそらく彼女の策謀によって、一三年ほど大宰相として権力をほしいままにしてきたイブラヒム・パシャは、突然に処刑された。その朝、彼は寝室で縊《くび》り殺されていたのである。

どのような権力者もスルタンの「奴隷」であれば、その意思ひとつでいつでも処刑される危険と隣り合っていた。なるほどスルタン権力を掣肘《せいちゅう》しうるものとして、かつてはトルコ系有力者が存在したが、もはや彼らは押さえ込まれてしまった。また理念的には、イスラム法を正しく執行しない君主の正統性は否定されるし、実際イスラム法の権威者（シェイヒュルイスラム）が、公正な統治を行なわないスルタンの退位を正当化するということも起こるが、それは一七世紀以降、つまり（後述するように）帝国統治においてスルタンの重要性が後退し、官僚による統治が確立してからのことである。しかもその際にも、オスマン王家の正統性そのものが問われることはない。少なくともスレイマンの時代に、彼を抑えることのできるものは存在しなかったと言ってよいだろう。

イブラヒムの財産はスルタンに没収され、そして彼の後釜にすわった大宰相たちは、いずれも財政の引き締めを打ち出した。その結果、ヴェネツィアなどへの工芸品の発注も激減することになった。ブダのハンガリー宮廷からイブラヒムが持ち帰らせた、ヘラクレスなどを象《かたど》った三体のブロンズ像も、彼の処刑直後に粉砕された。さらに、イブラヒムによって首都で催されてきた華麗な祝祭も自粛されるようになったという。

こうした、イブラヒム・パシャ処刑後の出来事の背後には、二つの意思が存在していたように思われる。一つは、言うまでもなく増大する支出を抑え、財政を好転させようとする財務家の意思であるが、いま一つは、メフメット二世以来八〇年ほど続いた、西洋との文化的融合をめざす志向を苦々しい思いで見つめてきた（と思われる）、宗教の違いを重んじる人々の意思であろう。彼らの存在は、これ以降しだいにその重さを増してゆき、オスマン帝国の性格自体をも変容させてゆくはずである。

たしかに、彼の死後ただちに宗教性が強調されるようになったわけでも、また軍事行動が不活発になったわけでもなかった。だが、スルタンの「友人」とすら見えるほどの信頼を得ていたこのギリシア系オスマン人、イブラヒムの死が、スレイマン一世の時代に一つの区切りをつけるものだったと言うことはできるであろう。

イブラヒム・パシャ以後の軍事行動

イブラヒムの処刑後も、スレイマンは西方へ向けた軍事行動を続ける。カール五世によるチュニス征服（一五三五年）からプレヴェザ海戦（一五三八年）にいたる地中海での攻防には先に触れたが、ハンガリーでは、一五四〇年にスレイマンの封臣でもあったサポヤイ・ヤーノシュの死後、ハプスブルク家のフェルディナントが、またぞろ王位を主張してブダを占領するという事件を起こしていた。スレイマンはこれを機に属国ハンガリーの併合に踏み切り、翌四一年には遠征軍を起こしてブダに入城、この町を含むハンガリー中央部をオスマン領に組み入れた。東部ハンガリーは死んだサポヤイ・ヤーノシュの息子サポヤイ・ジグモンドを名目的な君主とする属国（トランシルヴァニア侯国）となった。オスマン帝国によるこのハンガリー領有は、一五四七年にカール五世との間に結ばれた条約によって確認される。一方ハプスブルク家はその条約で、ハンガリー北辺の領有を認められた代償に、毎年ヴェネ

ハンガリーの分割

ツィア金貨で三万ドゥカトの貢納金を、オスマン政府に対して支払うことを約束させられたのであった。

だが、スレイマンの盟友たるべきフランソワ一世は、一五四四年のクレピーの和約によってカールと和議を結び、さらに四七年初頭には世を去っていた。したがって西洋世界には、ある種の安定が訪れ始めていた。そうした安定が、必ずしもスレイマンの西方作戦を困難にしたわけではないが、しかしこの頃からオスマン軍の矛先は、むしろ東方へ向けられていたように見えるのである。

スルタンは既に一五三三年から翌年にかけて東方遠征に出かけ、バグダードを占領していたが、今回は四八年に改めてイランへ進軍し、さらに五二年からはまた大規模な対サファヴィー朝作戦を開始した。その中でスレイマンは、ウズベク族の国家から反サファヴィー同盟の申し出を受け、高性能の火器を装備したイェニチェリ部隊を中央アジア（ブハラ）へ派遣した。この部隊はそこで大活躍をしたが、同時に彼らの使う銃の性能は人々を驚嘆させ、のちにはそれが明朝治下の中国へももたらされることになる。それは中国でルーム（すなわちアナトリア）の銃（嚕蜜《ルーミー》銃）と呼ばれ、朝鮮へ侵攻した秀吉軍の倭銃と、その性能を競うことになるのである。

スレイマンは、東方海域に現われたポルトガルに対する大規模な作戦も、五一年頃から指示していた。しかし、こうした東方へ向けた作戦からは、西方への軍事行動で得られたような華々しい戦果はおさめられなかった。

息子たちの争い

スレイマンにはムスタファという優れた後継者がいた。だが、スラヴ系（ポーランド人？）でタタール人に攫《さら》われたのちにオスマン宮廷へ売られた経歴を持つヒュッレム（あるいはロクセラーナ）がスレイマンの寵愛をほしいままにし、皇子を四人生んでいた。そして一五五三年、おそらくヒュッレムと、その娘婿でもあるセルビア系の大宰相リュステム・パシャとの陰謀によって、すでに三八歳の壮年に達していた長子ムスタファが五九歳の父親の不信を買い、ついには殺害されるという、帝国の屋台骨を揺るがす出来事が起こった。ヒュッレム自身はその後も後宮《ハレム》を支配し、そこを通してオスマン帝国の政治に多大な影響力を行

ヒュッレム（ロクセラーナ）
(Hegyi & Zimányi, 前掲書)

使してゆく。

そして寵姫《ちょうき》に振り回されたスレイマンは、一五五八年にヒュッレムが世を去ると、彼女の生んだ無能な息子たちの争いを、間近に見ながら晩年を送ることになる。この偉大な父は翌五九年、敗れた下の息子が宿敵サファヴィー朝に保護を求めるという事態までをも甘受しなければならなかった。栄光に包まれた華麗な日々の果てに、こうした慚愧《ざんき》と孤独とが待っていた。スレイマンが宗教的生活に傾斜していったというヴェネツィア人の記録は、意外に正鵠《せいこく》を射ているのかもしれない。

記録といえば、この時期にひとりのヨーロッパ人がオスマン宮廷へ赴き、当時の帝国の様子を詳細に描き残していることも、忘れることができない。

ギスラン・ドゥ・ビュスベクは一五二二年にフランドルで生まれ、カール五世、フェリペ二世に仕えたのち、一五五五年初頭にフェルディナント一世の大使としてイスタンブルに送られた。以後ビュスベクは足かけ八年にわたって帝国領内に滞在し、——それがスレイマンの晩年に当たっていたにもかかわらず——オスマン帝国の統治、軍事のシステムが、ほとんど彼の想像を絶する程にまで規律正しく、かつ効率的であることを知って驚嘆するのである。そして彼は、その驚きを同胞に伝えるべく、自身の見聞を書簡という形で書き残した。たとえばビュスベクは、外国使節の謁見の様子を次のように描いている。

ありとあらゆる種類、あらゆる色彩の華麗な服装、そしてあたり一面の、金、銀、真紅、絹、そしてサテンの輝きを想像してみたまえ。この並はずれた光景を正確に伝えるには筆舌もおよび難い。私はこれより美しいものをかつて見たことはなかった。私が何よりも驚いたのは、この多くの人々を支配していた静寂と規律であった。他の部隊から離れて整列していたイェニチェリたちは微動だにしなかったので、私が人に促されて彼らに敬礼し、彼らが頭を下げて応答するまでは、彼らが兵士なのか彫刻なのかわからぬほどであった。（濱田正美訳）

鋭い観察と深い洞察とに支えられた彼の書簡は、歴史家の間で、当時のオスマン帝国を知るための貴重な史料とみなされてきたが、それは当時のヨーロッパにおいても同様だったとみえ、ラテン語で書かれたこの書簡は、おそくとも半世紀後には出版され、のちには各国語に翻訳されてゆくことにもなるのである。

スレイマン死す

ヒュッレムの死と同じ一五五八年に、カール五世も世を去っていた。翌一五五九年にはカトー・カンブレジ和約が結ばれてイタリアをめぐるハプスブルクとフランスとの確執にも決着がついていた。こうした状況下でカール五世を継いだスペイン王フェリペ二世は同じ五九年、北アフリカへの本格的な軍事行動の準備に取りかかった。しかしオスマン海軍は翌年このヨーロッパ連合艦隊を打ち破り、地中海におけるその覇権を一層確実なものとした。だが同時にスレイマンは、すでに述べたように、このとき不肖の息子二人の争いに悩まされていた。海軍の成功を機に、一気に西洋の奥深くへと進軍する好機をスレイマンは——彼自身の老いも重なって——やり過ごさざるをえなかったのである。

一五六四年にはハプスブルク家のフェルディナントも世を去った。スレイマンと同時代を生きた同盟者も、好敵手も、いずれもが舞台から消えつつあった。翌一五六五年、ウィーン包囲を知らない後継ぎのマクシミリアン二世（一五二七〜一五七六）は、亡父が望みながら実現できなかったトランシルヴァニアの領有権獲得をめざして軍を起こした。

同じ年スレイマンは、かつての恩義を忘れてオスマン艦船襲撃を続けていたヨハネ騎士団を打倒すべく、その新しい根拠地マルタ島を包囲させていた。しかし十分な準備をして出発したはずの艦隊は惨憺《さんたん》たる敗北を喫してむなしくイスタンブルへ戻ってきた。この敗北の記憶をぬぐい去るためにも、老いたスルタンにはこのとき、若い神聖ローマ皇帝を完膚なきまでに叩きのめす必要があった。

こうして一五六六年五月、七〇歳をとうに越えたスレイマンは馬車に乗って首都を進発する。しかし彼はすでに病んでいた。苦しい行軍の末、ようやくハンガリーにたどり着いたスレイマンはついに九月、ブダ南方のセゲド（シゲトヴァル）要塞の攻撃半ばにその生涯を閉じるのである。

晩年のスルタンをよく補佐したボスニア出身の大宰相ソコルル・メフメット・パシャ（一五〇五？〜一五七九）は、スルタンの死を秘して軍事行動を継続し、陥落させた要塞の修復など、戦後処理をひととおり終えたのち、粛々と軍を返した。密使から急を告げられた唯一の後継ぎで「酔っ払い」の異名を持つセリムがベオグラードの近くで軍団と出会うと、はじめて偉大な王者の死が明らかにされた。軍団はそのまま葬列に変わった。

「国境」の出現

スレイマンの晩年、オスマン軍は相変わらず強力だったが、しかし一六世紀前半のような輝かしい勝利、新領土の獲得は昔語りになった観があった。これには、オスマン側、ヨーロッパ側それぞれに理由があったと思われる。まず、オスマン帝国は空間的に、ほぼ限界点に達していた。冬が去ってから首都を進発し、多くの大河と山地とを越え、兵站を維持しながら大軍を移動させて、なおかつ冬がやって来る前に勝利をあげて帰還するには、オスマン領は西にも東にも拡大しすぎていた。古代ローマの敵は未開のゲルマン諸族だったが、「新たなローマ」の時代には、ヨーロッパはいささか文明化していた。古代と同様、おそらく決定的な勝利への近道は遭遇戦であったろうが、いま敵は、慎重にそれを避けていた。さらにヨーロッパ側は、しだいに要塞を整備し、より堅実度の高い防衛線を作り上げていた。

イブラヒム・パシャ存命中のオスマン帝国は、常に前進し、したがってヨーロッパ世界との境界もまた、実際にはあってなきがごときものであった。というより、そもそもスレイマンこそが真のカエサルであると主張するものに、ヨーロッパとオスマン帝国との間の境界線なぞ存在してはいなかったであろう。テサロニキの主教が、「トルコ人」がイスラムとキリスト教とを究極的には一致しうる一神教の仲間とみなしていると書き残した一四世紀中葉からこのかた、西洋キリスト教世界の――というより正確にはカトリック教会の――かたくなな態度とは対照的に、イスラム側はキリスト教を、共通の唯一神を異なる仕方で信仰する、近しい宗教とみなしていたと思われる。だがスレイマンの晩年以降、オスマン軍が新たな領土を獲得しなくなると、否応なくオスマン帝国とヨーロッパ世界との間には固定的な境界線が生じることになった。それは、その線をはさんだ彼我《ひが》の相違を、否応なく人々に意識させ、必然的に両者の「他者性」を強調させていったにちがいない。

イスラム化への傾斜

寵臣イブラヒム・パシャと有能な後継ぎムスタファとを処刑し、さらにそうした処刑の背後にいたはずの寵姫ヒュッレムにも先立たれて、残った息子たちの愚かしい争いを見ながら老境にさしかかると、スルタン自身もイスラム神秘主義に傾倒していったと言われている。そうした君主の変貌は、かつてメフメット二世やイブラヒム・パシャによって推進されていた、東西の融合によるコスモポリタンな文化の創造という壮大な実験を、色あせた絵空事にしてしまったであろう。そしてイブラヒム・パシャの処刑後、彼が持ち帰らせたブロンズ像を破壊した人々がいたように、宗教の違いを重視し、イスラムを強調したい人々もまたその影響力を増していたと思われる。

オスマン帝国は元来「イスラム国家」として立っていたから、スルタンはイスラム法の執行を保障する立場にあった。またその軍隊は、不信仰者の世界にイスラムを広げるべく戦ってきた。さらに、その官僚機構を底辺で支えていたのは宗教学校《メドレセ》出身の知識人《ウレマー》たちだった。だが、そうしたこととは別に、オスマン帝国は常にキリスト教世界と混ざり合い、その世界を受け入れてきたのだった。

しかし今や、両者の間にはっきりと境界線が現われ、オスマン帝国ではイスラムが強調されてゆくことになる。もちろん、オスマン帝国の中で異教徒は従来通りイスラム教徒と共存をし続けていた。スレイマン一世の晩年を支えた大宰相ソコルル・メフメット・パシャは、ドリナ川沿いのボスニアの町ヴィシェグラード（ソコロヴィッチ）の出身だったが、デヴシルメで徴発されなかった彼の兄弟マカリエは、ボスニア、セルビアを管区とするペーチの総主教となっていた。こうしたエピソードを生みながらも、しかしたとえばキリスト教徒のまま分与地《ティマール》を与えられる騎兵《スィパーヒー》が、一六世紀後半には例外的な存在になっていったと言われている。また、イスラム法に関する最高の知識をもった「イスラムの長老」(シェイヒュルイスラム)の権威が高まってゆくのも、この頃であるとされる。二つの世界の間の交流は絶えることなく続いてゆくが、ちょうどオスマン帝国との関わりの中でヨーロッパが自己形成を遂げていったように、この時期にオスマン帝国もまた、結晶化を果たしていったと考えることができるように思われる。

と同時に、ヨーロッパ・キリスト教世界とははっきりと異なる世界を形成し、しかも軍事的に見ても文化的に言っても、明らかにこちらが優越しているという自信と現実とが、オスマン人に古典文化の全盛期をもたらすことになる。美術においても建築においても、従来のようなペルシアや、あるいはビザンツの影響を脱した、独自の「オスマン・イスラム」風の、つまり古典的オスマン様式と呼べる作品が、一六世紀の後半以降、出現することになるのである。

たとえば建築では、スィナン(一四八九〜一五八七)が登場してビザンツ時代の傑作ハギア・ソフィア教会(アヤ・ソフィア・モスク)を越えるドームを、エディルネのセリミエ・モスクにおいて実現した。文学でも、オスマン時代最大の詩人と思われる、フズーリー(一四九四?～一五五六?)、バーキー(一五二六～一六〇〇)のふたりがやはりこの時代に現われ、ペルシア語、アラビア語の影響からかなりの程度脱した、トルコ語による長編詩、叙情詩を作り出していた。風景画に独自の様式を確立したとされるマトラクチュ(?～一五六四)の活躍もまた、この時期であった。アッバース朝の衰退以降、文化的にも分裂と分散化の危険と隣り合ってきたイスラム世界が、オスマンによる再統一によって改めて一体性を獲得し、再生したという側面もまた、存在したかもしれない。たとえば、アラビア語やペルシア語で書かれた数多くの古典の写本がイスタンブルに集められ、あるいは筆写されて、イスラム文化の継承と発展とが実現されたのである。

このように、オスマン帝国が圧倒的な力の優位を確立するとともに、軍事的には一息ついて、むしろ文化的な充実と、あるいは変容を経験しつつあった一六世紀後半に、ではヨーロッパ世界はどのような状況にあったのだろうか。次にこれを瞥見してみよう。

セリミエ・モスク
(Hegyi & Zimányi, 前掲書)

2　変化の兆し——一六世紀後半のヨーロッパ

スペインの落日

一五五五年にアウクスブルクで宗教和議を結ぶと、普遍国家建設の夢やぶれたカール五世は、オーストリアを弟フェルディナントに、ネーデルラントとともにスペインを、長男フェリペに譲って修道院にこもった。こちらの「皇帝」もまた、宗教生活へ入っていったのである。

父と違って「皇帝」の称号を持っていなかった息子、フェリペ二世はしかし（あるいはそれゆえ）熱狂的なカトリック戦士としてキリスト教世界に登場した。彼の時代に異端審問は未曾有《みぞう》の勢いで行なわれ、摘発のためのスパイも、また異端審問会議も、いずれも凄まじい活躍を見せた。南部に残っていたイスラム教徒（いわゆるムーア人）に対する迫害も強化され、彼らの叛乱とその鎮圧後の強制移住とによって、イベリア半島南部は農業においても商工業においても、深刻な就労人口の不足にみまわれることになる。

本来フェリペは、「新大陸」を含む膨大な領土を持つスペインの、その「黄金時代」を父から受け継いだはずだった。「新大陸」への窓口の位置にあったセビリヤの富に、フランドル地方への羊毛輸出がもたらす利益、これらがスペインの経済を支えていたはずだった。しかし実態は、低い農業生産性と幼稚な毛織物工業とでは、浪費を続ける王室や貴族たちの支出をまかなえる道理もなく、国庫は空に近かったのである。フェリペは莫大な借款《しゃっかん》を抱え、いくどかにわたって破産を宣言せざるをえなかった。さらにさまざまな要因から生起したインフレが、「新大陸」産の銀の流入によって加速される。また潜在的に豊かな経済力を持っていたユダヤ教徒やイスラム教徒を迫害していたから、フェリペの時代にスペインの繁栄は、その基盤をほぼ切り崩されていたのだった。

まさにその時代に、レパントの海戦が戦われたのである。スレイマン亡き後のオスマン軍によってヴェネツィア領キプロスが征服されたのを契機に、ヴェネツィア、教皇、スペインの間に「神聖同盟」が結ばれ、その連合艦隊が一五七一年にレパント沖でオスマン艦隊を撃破した。ヨーロッパは勝利に沸いたが、しかし戦後「神聖同盟」諸国間に不和が生じ、結局七三年にヴェネツィアは、オスマン帝国と単独講和を結んでキプロスを放棄するとともにオスマン政府への貢納を約し、海戦の真の勝者が誰だったかを全ヨーロッパに示すことになった。またフェリペはこの間にチュニスを占拠させたが、これも七四年には奪い返され、北アフリカが最終的にオスマン支配下に組み入れられた。つまり地中海は、相変わらず「オスマンの湖」だった。

そうした状況の中で、スペイン「無敵」艦隊が一五八八年、ドレイク率いるイギリス艦隊に敗れるのである。スペインの凋落がこの事件を契機に始まったわけではないことは、もはや明らかであろう。

内乱に明け暮れるフランス

一六世紀後半、フランスは宗教内乱に明け暮れた。

フランソワ一世の後を受けたアンリ二世は、やはり破産状態に陥った国庫ゆえに、大インフレの中で同じく破産寸前だった宿敵スペインと和解せざるをえず、一五五九年、カトー・カンブレジ和約を結んでイタリア戦争に終止符を打った。だが和約の成立を祝して催された騎馬槍試合で、アンリはスコットランド騎士と対戦して受けた傷がもとであっけなく命を落とす。そしてこの王の死後、メディチ家から嫁いでいた妃カトリーヌを中心に、フランスは策謀と冒瀆と虐殺の季節に入る。

四〇〇〇人が犠牲になった名高いサン・バルテルミの大虐殺（一五七二年）をはさんで、フランスの宗教内乱は実に三六年におよんだ。その間、フランスはモンテーニュ（一五三三～一五九二）のような思索家も生み出したが、現実は彼の深い洞察なぞには一顧も与えることなく政治的に進み、九八年にいたってようやく国内の統一が果たされるのであった。だが新教徒（ユグノー）の信仰を認めたことでフランスは――スペインの場合とは対照的に――新教徒の貿易業者、銀行家、船乗りたちが富をもたらし、一七世紀には繁栄を謳歌することになる。

一方オスマン帝国は、この内乱に際してカトリック勢力がスペインの支持を得ていることを見抜いてユグノー勢力を支持していた。そして一五六九年に初めて正式に賦与していた通商特権《カピチュレーション》を、カトリック勢力優位の中で一旦取り消したのち、八九年にアンリ四世（一五五三〜一六一〇）が即位すると改めて与えたのであった。こうしてフランソワ一世以来のオスマン帝国との友好関係を回復したフランスは、マルセイユを起点に地中海交易（レヴァント貿易）でも順調な伸びを示してゆくことになる。

西欧の「先進国モデル」＝オスマン？

そして忘れてはならないのは、この宗教内乱の時代が、一部の思索家に寛容の必要性を感じさせると同時に、「世界の広さ」を理解させていたことであろう。すでに一六世紀の前半にエラスムス（一四六六？〜一五三六）はその『対話集』の中で、キリスト教信仰の行なわれている地域が世界のほんの一部にすぎないヨーロッパの、そのまた限られた部分であることを記していたが、モンテーニュもまた、インドや中国の歴史を読んで、世界の広さと多様性とを認識していた。そして彼は、「新大陸」の諸民族が「完全な宗教と完全な政治」を所有し、そこには「野蛮なもの」は何もないという認識をも示していた。さらに注目すべきは、そうした囚われない広い視野を持ったモンテーニュが宮廷人だったこと、そして彼の時代のフランス宮廷にはビュスベクがいたことである。

イスタンブルから戻ったビュスベクは、シャルル九世の妃の家宰《かさい》となり、さらには皇帝ルドルフ二世（一五五二〜一六一二）の大使としてフランス宮廷に滞在していた。ビュスベクの見たオスマン帝国は、規律と訓練と効率とにおいてヨーロッパ社会を遥かに凌駕《りょうが》していた。すぐれたものは、たとえそれが異教徒の世界のものであっても躊躇なく採り入れて発展するこの帝国の姿を、もしも「近代的」な言葉で表わすならば、それはまさに「秩序と進歩」ではなかったか。そしてビュスベクは、その晩年をフランスで過ごしており、モンテーニュがボルドー近郊の自宅で亡くなった同じ一五九二年に、ルーアンで死んでいるのである。

この偶然は、発展を続けるオスマン帝国を単なる「脅威」としてのみ捉えるのではなく、そうした発展を保障するシステムそのものに、ヨーロッパ知識人の目を向けさせる契機を提供してはいなかっただろうか。この推測を裏づけるように、ビュスベクよりやや早い時代にスレイマン治下のオスマン帝国を観察したイタリアの年代記作者パオロ・ジオヴィオは、オスマン軍団に関して次のような記述を残している。

彼らの軍の規律はきわめて公正厳格で、古代ギリシア人とローマ人の規律をも容易にしのぐほどである。トルコ人は、次の三点でわれわれの兵士に勝っている。彼らは迅速にその指揮者に従う。戦闘においては、彼らは自らの命に頓着しない。彼らは、パンと葡

葡萄酒がなくとも、少しの大麦と水に満足して長期間生活できる。（濱田正美訳）

規律の背後には、その規律を保障する組織力が存在したはずである。異教徒をも取り込んでゆく、そうしたシステムこそがオスマンの発展を支えているという認識を、観察者は得なかったであろうか。

一〇〇年あまりのちにモンテスキュー（一六八九〜一七五五）が、フランス政治の現状（専制政治）を批判して書く第一作を『ペルシア人の手紙』（一七二一年）と銘打つことは、——もちろん作中の「ペルシア宮廷」で行なわれていたのもまた専制支配ではあったが、それでもフランス政治の批判者として登場するのが「ウズベク」という（トルコ人の名を与えられた）「ペルシア貴族」であることを考えれば——ヨーロッパを大きく引き離して発展した「東方」の存在が、近代ヨーロッパの（政治）思想的発展にも、ひとつの重要な契機となっていた可能性を示唆していると考えられるのではないだろうか。実際、モンテスキューが『ペルシア人の手紙』を執筆する際には、ジャン・シャルダンのペルシア旅行記が座右に置かれていたことが知られている。それは、宗教に縛られ、宗教をめぐる動乱を経験したヨーロッパの知識人にとって、オスマン帝国に代表される「東方」が、秩序と宗教的寛容とを実現した、模範（あるいは参考）とすべき「先進国モデル」だったことを示唆してはいないだろうか。

それともヨーロッパの知性は、発展を続けたオスマン帝国を、ただ「トルコの脅威」「東洋的専制」という決まり文句でくって目をそらすことしかできなかったのであろうか。

オランダの発展

一五六七年におけるアルバ公のブリュッセル着任とともに強化された、スペインによるカルヴァン派弾圧と圧政の開始は、まもなく単なる宗教的問題ではなく、ネーデルラントの富を収奪しようとするフェリペ二世の意図の現われであることが明らかとなる。オラニエ公ウィレムを中心とする抵抗運動は、アルバ公の解任（七三年）、ネーデルラントにおける新旧両教徒の対立と北部カルヴァン派によるユトレヒト同盟の結成（七九年）などを経て強化され、一五八一年にはフェリペ二世の廃位を決議して、事実上独立を宣言するにいたった。

一六世紀の中頃、バルト海を航行する船の過半数はオランダのものだったと言われるほど、この国の通商と海運とは隆盛を極めていた。さらに独立後は毛織物産業の発展にもめざましいものがあって、スペインの羊毛を原料とするレイデン産の毛織物は、一七世紀初頭にはイギリス製品を圧倒して広範囲に輸出されることになる。

オランダ商人たちは早くも一五九八年に、オスマン帝国からも非公式ながら通商特権《カピチュレーション》を得ていたが、一六一二年になると公式にこれを賦与され、こうしてオランダは、フランス、イギリス両国と対抗しつつレヴァント貿易へ本格的に乗り出してゆくことになるのである。

イギリスの立場

イングランドはこの時期、まださほど大きな力を備えているようには見えない。だが、エリザベス一世（一五三三～一六〇三）は国内の宗教紛争に片をつけ、海運業と植民事業とによる大発展の基礎を築くことに成功していた。また毛織物業においても、イングランドはしだいにオランダに比肩しうる発展を示し始めていた。

オスマン帝国との関係で言えば、イングランドはヘンリー八世（一四九一～一五四七）の時代には、イスタンブル政府に対して一切直接的な働きかけはしていなかった。だが、一五三六年にフランスにカピチュレーションが約束されて以降、東地中海で交易を行なおうとするヨーロッパの商人は、（イタリア商人以外）すべてフランス国旗を掲げて活動しなければならなかったから、カピチュレーションの持つ意味は無視できないものだった。しかもエリザベス一世の時代になると、イングランドでは私掠船や冒険商人たちが各地で活発な行動をするようになっていた。

そうした中で一五七五年、ヴェネツィアなどを介さずに、直接東方の物産を入手することを考え始めた冒険商人がイスタンブルへ使節を送り、レヴァント貿易の可能性を探り始めた。彼らの活動はエリザベスからスルタンへの親書の贈呈と、それに対する返書の送付へと進んでゆき、ついに一五八〇年、スペインの敵国としてのイングランドは、スルタンから正式にカピチュレーションを獲得することに成功した。そして翌年レヴァント会社を設立したイングランドは、さらにベイルート、アレクサンドリア等に領事をおいて、対オスマン貿易に本腰を入れてゆくことになる。一七世紀においてレヴァント貿易をもっとも盛んに行なうのは、この国である。

オーストリアでは

一五五六年、すなわちアウクスブルク宗教和議の翌年に、兄カール五世から神聖ローマ帝位を引き継いだフェルディナント一世、ならびに六四年に即位したその子マクシミリアン二世は、常に東方からオスマン帝国の圧力を感じ、したがって国内新教徒に対しては融和的政策をとり続けることを余儀なくされた。特にマクシミリアンは個人的にも新教に大きく傾いていたため、六六年九月におけるスレイマンの死とそれにともなうオスマン軍の撤退にも助けられて、オーストリアは一時的な小康をえた。

しかし一五七六年にマクシミリアンを継いだ息子のルドルフ二世は、母親がカール五世の皇女であったことと、彼自身が少年期をスペインのフェリペ二世の宮廷で過ごしたこととの影響によって、熱烈なカトリック皇帝としてオーストリアに登場した。イエズス会士を側近におき、ルドルフは貴族たちの信仰の自由を取り消したり、宮廷から新教徒を追放したり、また異端審問を熱心に行なわせたりし始めた。こうした宗教的不寛容を、彼はさらにボヘミアやハンガリーのハプスブルク家領にも適用しようとしたから、この中欧の大国は、西欧で始まる経済的な飛躍から取り残されるばかりではなく、ハンガリー貴族の援助要請に応えたオスマン軍の攻勢を受け、さらに一七世紀前半には、三〇年におよぶ国際的な宗教戦争の舞台にもなってゆくのである。

3　変容する帝国——スレイマン一世以降のオスマン帝国

変動のきざし

偉大なスルタンが世を去り、不肖のセリム二世が後を継いでも、そして後宮《ハレム》が政治に口を出し、政治に情実が横行するようになっても、それだけでオスマン帝国が揺らぐことはなかった。ボスニア出身の大宰相ソコルル・メフメット・パシャは帝国の屋台骨をよく支え、一五七一年にはヴェネツィア領だったキプロス島を征服、同年のレパント沖での敗戦をものともせずに、七四年にはチュニジアを支配下に組み入れて北アフリカのほぼ全域を改めて支配下に収め、オスマン帝国が相変わらず地中海世界の王者であることを誇示していた。

だが、帝国は深いところで変動を始めていた。

たしかにオスマン帝国には莫大な富が存在していた。しかしオスマン帝国の富は、まず第一に宮廷とその周囲に偏在していた。そして第二にその宮廷人や軍人、宗教知識人《ウレマー》たちも、いつスルタンによってその富を没収されるかわからない状況におかれていた。もともと彼らの富は、スルタンの恩寵として与えられたものだったからである。第三に、無事にその富を守りおおせても、それは分割相続の定めによってしだいに細分化される運命にあった。そして第四に、富貴の人々はその富をもっぱら都市の不動産へ投資した。オスマン帝国の経済政策は、帝国内での安定供給を——あえて言えば消費者の保護を——基本に据え、そのため商工業はギルドによって規制され保護されていた。したがって、せっかくの富の集積も、それらが新たな富を生み出す仕組みの育成へ向けられることはなかったのである。

　そうした中で、まず軍事のシステムに変調が起こった。

軍事システムの変容

　スレイマン一世の度重なる外征は、さしものオスマン帝国にも大きな負担を強いていた。同時代のスペインのように、国庫が空になるようなことはなかったが、帝国が財政難に直面していることは間違いなかった。そこに、ヨーロッパ全域を覆っていたインフレが重なった。これはさらに「新大陸」産の銀の流入によって追い打ちがかけられ、一五八〇年代には急激な貨幣価値の下落が起こった。

　改鋳《かいちゅう》された悪貨による給与の支払いを拒んで、イェニチェリが蜂起を繰り返す。だがイェニチェリよりさらに窮地に追い込まれていたのが、騎兵《スイパーヒー》たちだった。一六世紀に火器が発達したことで戦いの様相が変わり、飛び道具を持たない騎兵の重要性は一挙に減じていた。そこへ物価の騰貴が襲ったから、彼らが分与地《ティマール》の徴税権だけで生活を維持することは至難となる。こうして、一方では財政難の政府が分与地を収用して直轄地とし、他方騎兵の方は、ティマールをかたに借金をして没落していった。

急速に進むティマール制の解体に対処すべく、政府は常備軍の増加を図る。だが、西方での征服活動が止まり、国境が固定化されてきたことにともなって、イェニチェリの供給源であった強制徴発《デヴシルメ》もしだいに行なわれなくなっていた。こうして縁故や世襲によるイェニチェリのトルコ化が一般化し始め、さらに彼らが騎兵の不足を補うべく、地方都市に常駐する体制が出来上がっていった。当然在地化も進み、副業として商工業に従事する者も現われてくる。

一方、ティマール制解体が進む中でも地方軍団を維持することは急務だったから、政府は地方の総督たちに、自らの責任で軍を整備することを命じた。こうして総督たちが作り上げる軍団は、要するに私兵軍団であった。問題が生じるのは明らかであろう。

まず総督たちは、農民や、離農した流民から編制したその軍を維持するために、任地の農民に過重な税を課すことになる。耐えかねた農民は逃散《ちょうさん》することになるだろう。加えて、総督たちはその任地に終生留まるわけではない。転任する場合もあろうし、失脚、解任されることもあっただろう。そしてその際、彼の私兵の中には生計の手段を失って盗賊と化すものも現われることになる。こうして、軍規厳正な軍隊とともにオスマン帝国を支えてきた農村社会にも危機が訪れる。

人口の流動化の弊害

一六世紀の後半、オスマン軍は兵員の多くを、総督たちが農民（あるいは流民）の中から徴募した者でまかなうことによって、対外戦争を支えていたと思われる。彼らはいずれ、より安定した身分とより多くの特権とを求めて叛乱を起こすことになる。一六世紀後半から頻発し、オスマン史上「ジェラーリー諸叛乱」と呼ばれるアナトリアの騒乱は、多くの場合こうした農民出身の不正規兵《レヴェント》によって起こされていたと考えられている。一連の叛乱にキリスト教徒が含まれていなかったことが、この騒乱を「農民叛乱」と性格づけることを困難にしている。また、シリア方面ではオスマン支配を受け容れたのちも部族長としての権威を保持してきた有力者が、この機にオスマン政府の権威を否定し、いわば「独立」を目指して蜂起した例も見られる。さらにこの蜂起には、フィレンツェ（トスカーナ大公）からの援助があった。また同じシリアのドルーズ派の有力者は、トスカーナ大公だけではなく教皇庁とも連絡をつけていたと言われている。

いずれにせよ、叛乱と重税とによって農村は荒廃を始めた。農民たちは、あるいは流民となって都市へゆき、あるいは（半）遊牧生活に入った。だが都市も、これらの流民を受け容れる仕組みを持ってはいなかった。建設労働や行商に従事する者もいたが、宗教学校《メドレセ》に吸収される者も多かった。しかしメドレセも、決して彼らの「就職」を保証してはくれなかった。窮した「学生」は喜捨に頼り、それを集団で行なうことで盗賊と化しもした。

さらに都市では疫病もはやった。こうして（ブローデル以来の定説に反し）少なくとも一七世紀の前半には、人口の流動化と社会不安の中で、農村、都市、いずれにおいても人口の減少が見られたと考えられている。

一方イスタンブルでは、インフレの昂進《こうしん》が官僚の世界にも変動を引き起こしていた。彼らも生活に窮して収賄《しゅうわい》に走り、腐敗が広がっていたのである。後宮《ハレム》の政治への容喙《ようかい》がそれに拍車をかけた。そして農村から首都へ流入した人々は、職を求めて官僚組織やイェニチェリ軍団にも入り込み始めていた。強制徴発《デヴシルメ》が行なわれなくなったことが、どちらの組織にも、彼らが食い込む余地を作っていたのである。

こうして、オスマン帝国の発展を支えてきたあらゆる要素に危機が迫った。

キョプリュリュ家の登場

危機は、おそらく尋常なものではなかった。「酔っ払い」セリム二世（一五二四〜一五七四）のあとも、無能なスルタンが続いたし、そのスルタンたちは、様々な要求を掲げるイェニチェリたちによって擁立され、また廃位されていた。

しかしオスマン帝国は立ち直る。そして立ち直ったときには、帝国は一六世紀中頃までとは異なった姿をしていた。残念ながらその変身のメカニズムは、いまだ明らかになってはいない。だが都市も農村も、オスマン帝国は一七世紀の後半には面目を一新した姿で立ち現われていたと考えられるのである。

まず都市において、官僚たちが変身する。デヴシルメにかわってイスラム教徒たちが、縁故によって、あるいは世襲によって官界に入ることが一般化してゆく。デヴシルメで徴用され、宮廷で訓練を受けてからさまざまな職を歴任しつつ昇進を重ねていった軍人官僚の場合も、財務を中心とする事務職を担う書記官僚も、また宗教知識人《ウレマー》が独占した司法官僚の世界も、いずれもがそうした方法で要員を補充するようになっていった。一方でそれは、過剰な人員を非能率に働かせる体制ができあがる原因となりもしたが、他方、行政の綿密化が、徴税をはじめとする統治の高度化をもたらし、実質をともなった中央集権的支配を可能にしたとも考えられるのである。そうした体制ができ上がれば、スルタン個人の有能無能は、もはや問題にはならないであろう。

こうした変化を象徴するのが、おそらくキョプリュリュ家の台頭である。

メフメット・キョプリュリュ・パシャは、アルバニアの出身であると思われる。従来通りの形で、まずデヴシルメによって宮廷に上がり、種々の官職を経験しつつ昇任していった彼は、アナトリア中北部に位置するアマスヤ近郊のキョプリュ村を任地としたときに結婚し、以後その村と深い繋がりを保ったため、キョプリュリュ（「キョプリュ出身の」）と称されることになる。時あたかも内乱と策謀の季節であった。そうした中で一六五六年に大宰相に抜擢《ばってき》されたキョプリュリュは、ダーダネルス海峡へ攻撃をかけてきたヴェネツィアを破り、さらに大規模な粛清を断行してオスマン政府の動揺を抑えることに成功した。

そして、以後キョプリュリュ家は、一八世紀初頭にいたるまでメフメットの息子二人、甥、さらには孫までが、つぎつぎに大宰相を務め、内政、外交両面でオスマン帝国を支えてゆくのである。こうして、デヴシルメという、帝国の周縁部から――あるいは異教徒の世界から――官僚や軍人を徴募する方法にかわって、イスラム教徒を縁故、血縁などによって採用するシステムが、キョプリュリュ家台頭とほぼ並行して作りあげられていったと思われる。有力官人はそれぞれ家の子郎党《カプ・ハルク》を抱え、競って彼らを官界に送り込もうとした。以後、こうした官僚たちによって帝国は支えられてゆくのである。

地方社会の変化

ティマール制の解体が進み叛乱に揺れるアナトリアからも、政府は税収を上げなければならなかった。そのために政府が採用した方法が、徴税請負制《イルティザーム》であった。これは、エジプトなど遠隔の諸州で以前から行なわれていた制度だったが、これを政府はお膝元のアナトリアにおいても採用しようとしたのである。この制度では、特定の地域の徴税権が競売にかけられ、政府は競り落とした請負人から租税相当額を前払いの形で入手することができた。そのため、地方社会の変動にかかわらず確実に収入が得られ、かつ荒廃した農村の復興までをも望みうる、きわめて有用な制度だと思われた。さらに政府は、徴税の実態を把握するために請負人を監視し、農村の実態を掌握しようとも努めた。人員の増大した書記官僚の存在が、それを可能にしたのであった。

一方、徴税権を競り落とした首都の富者は徴税の現場を知らなかった。したがって徴税権は下請けに出されることになった。下請け権を手に入れるのは、それぞれの地方で混乱を生き抜いて台頭し、あるいは生き残った有力者であった。彼らはしだいに利潤を土地に投下して大農場の経営を始め、事実上の大土地所有者へと転化してゆくことになる。

しかしその際、地方における彼らの権力の源泉になったのが、イスタンブル政府から与えられる官職であったことは重要である。つまりこの点でも政府は、有力者の台頭という現実の中で、地方に対する監視・統制の権限、あるいは権威を留保していたのである。

また一七世紀の中頃には、栽培される農作物にも変化が現われ始めていたと考えられる。帝都イスタンブルと、さらに国内の変動の中で新たに登場してきた都市へ向けた商品作物の生産が行なわれるようになったのである。さらに時代が進むと、これらの作物がエーゲ海岸のイズミルからヨーロッパへ輸出されることになる。興隆してくるヨーロッパの発展と連動する形で、オスマン帝国における大農場経営がしだいに拡大してゆくという側面も、たしかにあったと思われる。

4　退潮の時代——第二次ウィーン包囲失敗

オスマン－ハプスブルク「十五年戦争」

ヨーロッパ中央部では、一六世紀の末からトランシルヴァニアをめぐる動きが一つの焦点となっていた。そしてその背後には、黒海沿岸地帯の支配権をめぐるオスマン帝国とポーランドとの対立があった。

一五七一年にかつてのハンガリー王サポヤイ・ヤーノシュの子、ジグモンドが没したあと、ハンガリーの有力貴族バートリ・イシュトヴァーンがトランシルヴァニア侯に選出されていた。翌年、ヤギェヴォ家のポーランド王ジグムント二世も死んで、ポーランドが後継をめぐる混乱に陥ると、新トランシルヴァニア侯バートリは、国内を押さえると同時にポーランドへも野心を抱き、一五七六年にオスマン・スルタンの同意も得て、ポーランド王女と結婚するとともにその王位をも継承した。バートリはハンガリーと、さらに——一五五二年にカザン汗国を併合して勢力をのばし始めた——モスクワ大公国をも併せた強大な国家を築き、最終的にはオスマンに対抗することをめざしていたと言われるが、夢半ばで一五八六年に世を去った。

バートリの急死で、ポーランド国王位が各国の関心の的となる。オスマン帝国はポーランドにハプスブルク、モスクワ、フランス、イギリス、いずれの血筋が入ることにも難色を示し、スウェーデンのヴァーサ王家を推した。こうしてヴァーサ家の皇子がジグムント三世として即位したが、王位をうかがっていたハプスブルク家とオスマン帝国との緊張は高まらざるをえなかった。この緊張は、王位争いに敗れたハプスブルク家のマクシミリアン（皇帝ルドルフ二世の弟）が、ポーランド新国王ジグムント三世の妹と結婚することで一層高まった。これはさらに、ポーランド領からコサックたちがオスマン領を襲撃したり、オスマン側が反撃に出たりすることで、ほとんど一触即発の状態にまで高まってゆく。だが、通商特権《カピチュレーション》の賦与者である「同盟国」オスマン帝国が東方で敗れること、少なくとも消耗してしまうことを恐れたフランスとイギリスとが仲介に動き、このときは、この緊張関係が本格的な戦争にまで煮詰まってしまうことは回避された。しかしオスマン－ハプスブルク関係がくすぶっていることは事実だった。

国境地帯の要塞化を図るハプスブルクに対し、オスマン帝国のボスニア総督ハサン・パシャは、スロヴェニアのリュブリャーナにまで出撃して皇帝領の攪乱《かくらん》を図っていた。だが総督は一五九三年、ザグレブの南方シセクで大敗を喫する。犠牲者の中に高位の者、スルタンの

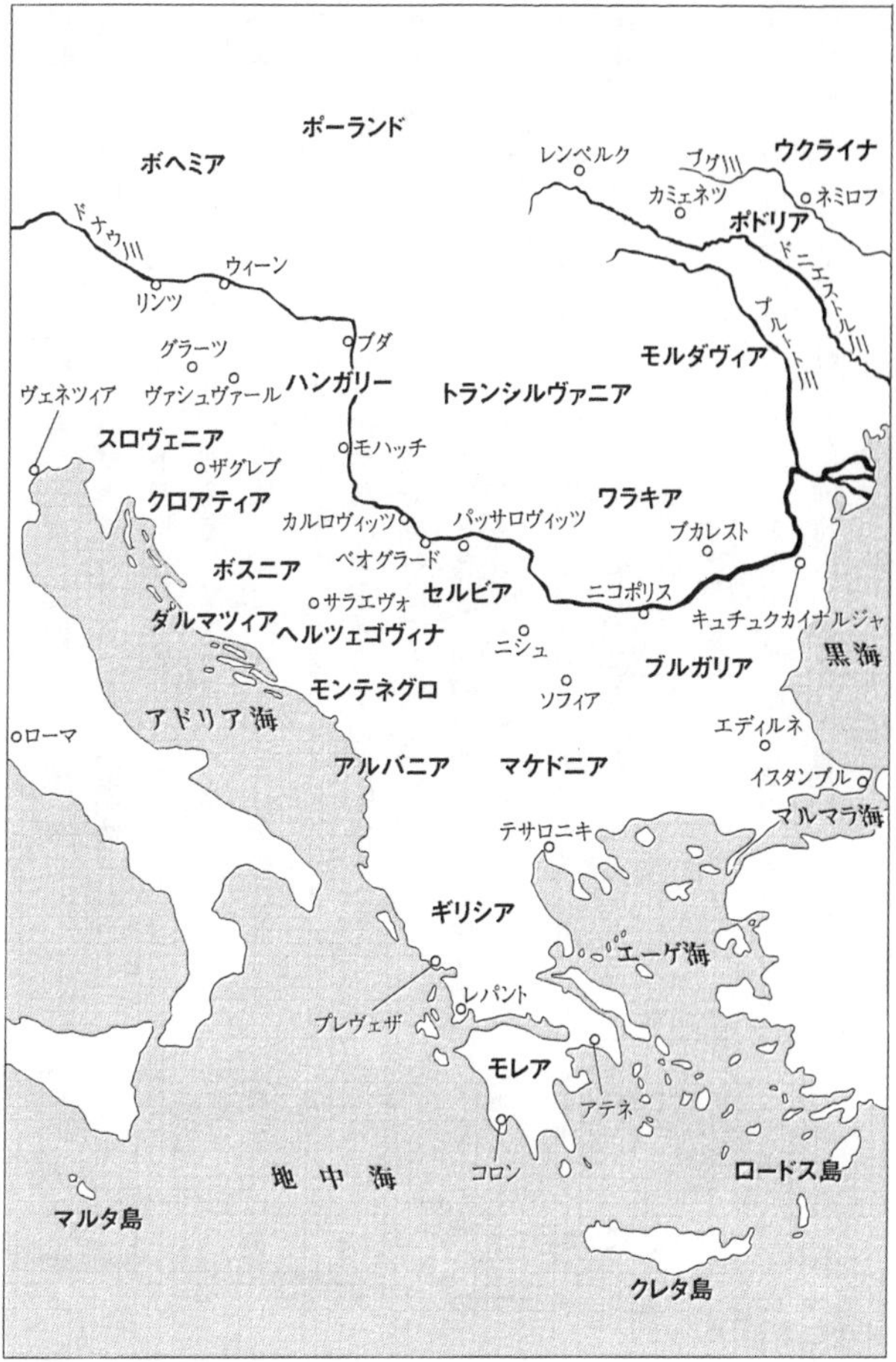

オスマン領バルカン要図

縁戚、後宮《ハレム》の庇護を受ける者が含まれていたことが、オスマン政府の態度を硬化させた。こうしてこの年、オスマンとハプスブルクとの戦いが始められた。

皇帝ルドルフ二世はキリスト教世界へ応援を求めた。だがフランスではオスマンとの「同盟」がいまだに生きており、加えてハプスブルク家スペインとの争いにも直面していた。それゆえフランス国王アンリ四世にとって、オーストリアの衰弱は願ってもないことだった。アンリは、スルタンが彼を皇帝にしてくれるかもしれないと述べたとさえ言われている。たしかに教皇は各地へ使者を送ったが、宗教戦争の渦中にあるキリスト教世界が、ハプスブルク家を救うために十字軍を組織できるはずもなかった。

一方オスマン側も、（先に見たとおり）この時期には大きな転換点にさしかかっていて、首都も地方も混乱の中にあった。したがってこの戦いは長引くことになった。だがその長い戦いの中で、注目すべき事態も生じていた。皇帝ルドルフ二世がトランシルヴァニアへ軍を送り、ここで掠奪と圧政とを行なった上、さらにカトリック化までをも図ったのである。これに対してハンガリー貴族たちは同盟して立ち上がり、オスマン、ハプスブルク両帝国が一六〇六年にツィトヴァ・トロク条約で休戦をする直前にウィーンで和約を結び、トランシルヴァニアの自立、信仰の自由などを皇帝に認めさせた。トランシルヴァニアの「黄金時代」の基礎がこうしておかれるが、同時にハンガリー貴族のハプスブルクに対する警戒感も、このときの一連の経験を通して、抜きがたいものになってゆくのである。

三十年戦争とオスマン帝国

一方ボヘミアでも、ハプスブルク家による経済的収奪に加え、一旦認められていた信仰の自由までが取り消されたことに憤激した貴族たちによる、皇帝への反抗が始まっていた。これは一六一八年以降、ヨーロッパ各国を巻き込んで、三十年戦争と呼ばれる消耗戦となってゆく。争いの当事者たちにとって、オスマン帝国の動向はきわめて重要だった。まずハプスブルク家は、先のツィトヴァ・トロク条約を一六一五年に更新していたが（ウィーン条約）、さらに各国の新教諸侯の動きに神経をとがらせ、皇帝マティアスが一六一八年の末にイスタンブルに使節を送って、スルタンに中立維持を要請していた。翌年にはマティアスが没し、従兄弟がフェルディナント二世として即位するが、ハプスブルク領ハンガリーの貴族たちはボヘミア諸侯に倣《なら》ってその支配を受けることを潔《いさぎよ》しとせず、スルタンへ使節を派遣してトランシルヴァニア侯をハンガリー王として承認するよう求めていた。

すでにボヘミアではこの年一六一九年、貴族たちがフェルディナントの王位を認めず、カルヴァン派のプファルツ選帝侯を新たに国王として選出していたのである。そしてこの新ボヘミア王もまた、一六二〇年初頭にイスタンブルへ使節を派遣することにした。この使節は四月にスルタンへの謁見《えっけん》を果たし、そしてスルタンの答礼使節は七月にプラハに到着して、ボヘミアの人々によって大きな歓迎を受けた。

だがこの新国王は同年一一月、プラハ近郊でスペイン、ポーランドなどからの支援も受けた皇帝軍に粉砕され、オランダへ逃亡することになる。そしてその後、スルタンのボヘミアに対する支援の約束が皇帝によって暴露され、「カルヴァン・トルコ派」(Calvino-turcismus)が声高に喧伝《けんでん》されることになるのである。その宣伝は、皇帝の勝利が異端(プロテスタント)に対する勝利であると同時に異教徒に対する勝利でもあると主張したから、新教徒側も、うかつな動きはできなくなった。

こうして、三十年戦争に対するオスマン帝国の関わりはきわめて限られたものに留まる。オスマン帝国の支援を得られなかったボヘミアは、ハプスブルク家による一連の抑圧策を受け、以後政治的にも文化的にもオーストリア化、あるいはドイツ語化の進行を甘受することになる。そしてヨーロッパは、スレイマン一世とカール五世の時代のような「トルコの脅威」が存在しないことで、団結、あるいは妥協を図ることもできず、むき出しの利害をぶつけ合って長期間戦い続けるのだった。

一方オスマン側の状況を見ると、この時期帝国は、実際ヨーロッパ内部の争いに介入するだけのゆとりを持ってはいなかった。

サファヴィー朝との戦い

国内各地でイェニチェリや不正規兵《レヴェント》などの叛乱が相次いだこと、ティマール制の解体が進む一方で、官僚機構が新たな形を整えつつあり、総体として帝国がその面目を一新する過程にあったことは先に述べたが、その上この頃オスマン帝国は、東西で断続的に対外戦争を戦っていたのである。

まず、東方においてシーア派のサファヴィー朝が最盛期を迎えようとしていた。一五八七年に即位したシャー・アッバース（一五七一〜一六二九）がさまざまな改革を行ないつつ国王専制体制を固めていた。そして一七世紀に入ると、オスマン軍によって（一五八五年に）占拠されていた旧都タブリーズを奪還し、さらにアルメニアから東部アナトリアにまで攻勢をかけたのだった。そしてサファヴィー朝は、スレイマン一世在世中から、ヨーロッパ勢力が——かつてカラマン君侯国に働きかけたように——オスマン軍の矛先をかわすために同盟を模索していた相手でもあった。事実一六世紀末のシャー・アッバースの宮廷には、アンソニー・シャーリー、ロバート・シャーリーというイギリス人兄弟がいて、反オスマン軍事同盟の締結と、絹をはじめとする交易の活発化とを図っていたことが知られている。こうした状況の中でシャー・アッバースは、一六一二年にいったんオスマン政府との間に和約を結んだものの、二〇年代に入ると再度戦端を開いて、バグダードなど、メソポタミアの重要拠点を奪ってオスマン軍を苦しめた。

オスマン帝国は、一六三九年にサファヴィー朝と講和を結んでバグダードを正式に支配下に収めるまで、この異端の、かつ剽悍《ひょうかん》な、東方の新興勢力と苦しい戦いを続けなければならなかった。さらに帝国は西方でも、断続的な戦いに直面していた。相手はポーランドだった。

ウクライナをめぐって

ポーランドは、かつてスレイマン一世をモハッチで迎えうって敗死したハンガリーのラヨシュ二世と同系の、ヤギェヴォ家によって支配されていた。一六世紀後半、ジグムント二世の時代に、モスクワ大公国の進出に備えてリトアニアと同君連合を結成したことにより、ポーランドはリトアニア領ウクライナを襲撃するクリミア・タタールへの対策も引き受けざるをえなくなっていた。一六世紀の末にはその首都も、南部のクラクフからリトアニア寄りのワルシャワへと移している。そしてクリミア・タタールは、オスマン帝国の宗主権下にあった。こうして、ウクライナをめぐってポーランドとオスマン帝国との確執が始まったのである。

三十年戦争が始まると、スウェーデン王室から入ったジグムント三世は新教派のトランシルヴァニアへ軍を送ったが、これがかえってトランシルヴァニアの宗主国オスマンを刺戟し、一六二〇年にはオスマン軍によるウクライナ侵攻を招くことになった。

ウクライナにはコサックの集団がいて、彼らはタタールの侵攻に対して勇敢に戦い、またポーランド王に与《くみ》してオスマン軍や、場合によってはロシア軍とも戦っていたが、宗教的には彼らはギリシア正教徒だった。このためコサックたちは、ポーランド人による正教徒圧迫に反撥もしていた。こうしてこの地はやがて、クリミア・タタールの背後にいるオスマン帝国、リトアニアの背後にいるポーランド、そして「正教徒の盟主」ロシア三国による争奪の場となってゆく。

トランシルヴァニアをめぐって

ヨーロッパ中が（ことにその中央部が）宗教戦争に揺れ動いているとき、オスマン宗主権下のトランシルヴァニアは、例外的にカトリック、ルター派、カルヴァン派がそれぞれ信仰の自由を保障された、比較的寛容な地域となっていた。一七世紀に入っても、機会を見つけては介入しようとするハプスブルク家に対し、トランシルヴァニア侯たちはハンガリー人の独立と信仰の自由の維持とに努めていた。それゆえに、一六一八年にボヘミアの貴族たちが新皇帝フェルディナント二世をボヘミア王として承認しないのを見たハプスブルク領ハンガリーの貴族たちは、時のトランシルヴァニア侯ベトレン・ガーボルをハンガリー王位に就けようと考え、一九年末には支援を求めてイスタンブルへ使節を送った。そして現実にベトレン・ガーボルは、一時的ながらハンガリー王位を占めるにいたる。

こうした勢いを示し、「黄金時代」とも呼ばれる時代を築いたトランシルヴァニア侯であったが、一六五七年に、コサックの叛乱で混乱していたポーランドへ遠征を行なったことでつまずくことになる。ポーランドはこのとき、ロシアやスウェーデンの介入も受けて滅亡の危機にあったが、トランシルヴァニア侯ラーコーツィ・ジェルジ二世は、ポーランド王位に野心を抱いて遠征軍を起こしたのである。だがこれは失敗に終わり、しかもこの遠征が宗主国であるオスマン政府の承認を得ずにとられた行動だったため、トランシルヴァニアはオスマン軍の「懲罰的介入」を受けることになるのである。

この時期オスマン帝国は、メフメット・キョプリュリュ・パシャが政権につき、ようやく世紀転換期の変動を乗り切って面目を一新しつつあるところだった。キョプリュリュは軍を率いてトランシルヴァニアを討ち、その宗主権を再確立したのだった。

ルイ一四世の登場

息を吹き返してきたオスマン勢力に、ハプスブルクが反撃を試みる。国境を越えた襲撃を繰り返す皇帝レオポルト一世に対し、父のあとを継いで大宰相となったファーズル・アフメット・キョプリュリュ・パシャは一六六三年に使節を送り、襲撃の停止とトランシルヴァニアに対するスルタンの宗主権承認、およびハプスブルク家による北部ハンガリー領有の代償(貢納)の増額を要求した。これが拒絶されると大宰相は戦いの準備にかかり、クリミア・タタールはトランシルヴァニアを通過してシュレジエン(シレジア)、モラヴァ(モラヴィア)を襲撃した。

一六六四年夏、パシャは自ら軍を率いて西方へ進んだ。ハプスブルク領ハンガリーを順調に進んだオスマン軍は、しかし八月に、グラーツへ向かう要衝であるザンクト・ゴットハルトでヨーロッパ混成軍と衝突した。ヨーロッパ側が「大勝した」と宣伝することになるこの戦いで、たしかにオスマン側は相手方より多数の犠牲を出し、当初の計画だったラーバ川渡河を果たせなかったが、しかし決定的な勝敗がついたわけではなかった。さもなければ、直後に締結されたヴァシュヴァール和約の内容が理解できないのである。

和約においてレオポルト一世は、オーストリア軍のトランシルヴァニアからの完全な撤退と、ハプスブルク領ハンガリーのうち、今回オスマン軍によって占領された地域のオスマン側への譲渡を受け容れたのであった。これによってハンガリー貴族のハプスブルクに対する不信感が一層募っていったとも言われている。そうした反感に対して皇帝がカトリック化の強行などで応えたため、ハンガリーの新教諸侯はオスマン帝国と、さらにその「盟友」フランスの援助を受けながら、反ハプスブルク運動を根強く展開してゆくことになるのである。

そのフランスには、ルイ一四世（一六三八～一七一五）が登場していた。一六四三年に五歳で王位についたルイは宰相マザランの死後、すなわち一六六一年以後親政を行ない、王権の絶対化、植民地の開発、重商主義に基づく貿易、産業の発展に努め、また対外的にも、六七年からは領土拡大を目指す侵略戦争を繰り返すことになる。そしてその対外政策の基軸にあったのが、ハプスブルク家の弱体化だった。この点でフランスとオスマンの利害は共通し、そしてこのフランスの存在が、皇帝レオポルト一世にヴァシュヴァール和約の締結を強いた、という側面も存在していたのである。

オスマン・フランス「同盟」

オーストリア包囲網を作るといっても、ハプスブルク家はすでにヨーロッパ諸国にとって、カール五世の時代ほど危険な存在ではなくなっていた。したがってルイ一四世にしても、まっすぐにスルタンとの「同盟」に走るわけにはゆかなかった。ルイの領土的野心を満足させるために、東方でオスマン軍がオーストリアを悩ませていればそれでよかったし、またフランスの商業的利益のために、通商特権《カピチュレーション》が失われなければ、それでよかった。

だが、クレタ島をめぐるオスマン帝国とヴェネツィアとの戦いが、ルイを苦しい立場に追い込んだ。ヴェネツィアによるダーダネルス海峡封鎖と、メフメット・キョプリュリュ・パシャによるその打破（一六五七年）ののち、オスマン軍は、メフメットの息子ファーズル・アフメット・パシャに率いられてクレタ島の征服に取りかかっていた。フランス国内は十字軍的な熱狂に沸き立ち、国王もそれを無視しかねたのである。結局クレタ陥落の前年（一六六八年）に、フランス艦隊がマルタ島（ヨハネ騎士団）の旗を立てて救援におもむき、カピチュレーションも取り消されることになった。しかしファーズル・アフメット・パシャは、対ハプスブルク関係を考えればフランスとの「同盟」関係が重要であると判断し、戦後カピチュレーションを復活させた。

両者はまた、ポーランドをめぐっても微妙な協力関係にあった。一六五四年からロシア、スウェーデンの攻撃を受けて衰亡していたポーランドは、スウェーデンのヴァーサ王家の血を引くヤン二世（カジミェシ）の妃がフランス出身で、実にルイ一四世はこれを利用して後継者にフランスの王子を選出させ、ハプスブルク包囲網を形成しようと考えていたのである。そしてこの腹案を進めるためには、ポーランドに対して直接的な利害をもっているオスマン帝国との友好関係を、より確実なものにしておくことが望ましかった。

一方ファーズル・アフメット・パシャにしても、国内、ことに蜂起を繰り返したイェニチェリや不正規兵《レヴェント》などを掌握し、強力で忠実な軍隊を整備、維持するためにも征服戦争を再開し、勝利（あるいは戦利品）を獲得することが必要であったと思われる。したがって、ウクライナのコサックがポーランドからの自立を求めてスルタンに支援を求めてきたのは、まさに絶好の機会だった。一六七二年、オスマン軍はウクライナ・ポーランド間の要害の地カミエネツを奪取し、さらにリヴォフ（レンベルク）にまで進軍していった。そして九月に結ばれたブチャチ条約においてオスマン帝国は、ドニエストル川を越えたポドリアの地を獲得した。先のクレタ征服と合わせ、スレイマン一世以来久々の新領土獲得だった。さらに一六七六年および八一年にはウクライナ西部を新たに加え、版図という点からは、このときオスマン帝国は、その歴史の中でもっとも広大な領域を支配することになったのである。

このオスマン帝国のポーランドとの戦いは、フランスのオランダ侵攻とほぼ同時に行なわれていた。この間ルイ一四世は、一六七三年におけるポーランド国王の死後、対オスマン戦の司令官として才能を発揮していたヤン・ソビエスキ（一六二九〜一六九六）を後継国王に推し、彼とオスマン政府とへの影響力を利用して、ハプスブルク包囲網の重要な駒二つを和解させようとしていた。ヤン三世となった（二一〇頁に掲げた絵の主人公である）ソビエスキは、結局フランスを頼っていては領土の回復が望めないと悟り、その後ハプスブルクへと傾斜してゆくことになる。

一方ルイは、フランスの対外膨張をより確実にするため、イスタンブルでオスマンとの「同盟」強化と、東方からのハプスブルク攻撃の可能性とを探らせていたのだった。

第二次ウィーン包囲

一六七六年一一月にファーズル・アフメット・パシャが没すると、その妹婿で、幼少時から養父メフメット・キョプリュリュ・パシャのもとでファーズル・アフメットとは兄弟のように育てられた——したがってこれもキョプリュリュ家の一員と言いうる——カラ・ムスタファ・パシャ（一六三四〜一六八三）が大宰相となった。カラ・ムスタファは、キリスト教世界にもその豊かな才能と経験とによって知られていた人物だった。だが同時に彼は、強烈な反キリスト教精神と野心との持ち主として恐れられてもいた。カラ・ムスタファは、ウクライナのコサックに対する支配権を主張するロシアを討つべく兵を送り、一六八一年のバフチェサライ条約によって、ドニエプル川をオスマン領の境界と定めていたが、その本心はペテルブルグへの進軍にあったと言われている。彼はまたウィーンを征服したのち、オスマン軍をライン川に沿って進め、ルイ一四世の軍と拮抗させることを考えていたとも言われる。

この夢想家にとって、ウィーンへの出撃は既定の方針、そして行なわれるべき征服活動の第一歩にすぎなかったろう。この頃ハンガリーでは、一六七二年以降、ハプスブルクによるカトリック化強行に抵抗して、プロテスタント勢力がテケリ・イムレ伯爵の指導下に闘争を行なっていた。カラ・ムスタファはこれを支援し、一六七〇年代末にはテケリの軍勢は、ハプスブルク領ハンガリー一帯を占領する勢いを示していた。テケリはイスタンブルにも使者を送って援軍を求め、カラ・ムスタファは遅れて到着した皇帝レオポルト一世の使節を無視して遠征の準備を進めた。

カラ・ムスタファ・パシャ
(Hegyi & Zimányi, 前掲書)

こうして一六八三年七月、カラ・ムスタファは一五万と言われる兵——その中にはテケリの率いるハンガリー軍やワラキア侯、モルダヴィア侯の兵もいた——を率いてウィーン城下に現われた。ウィーンが包囲されている間、ルイ一四世は西方でハプスブルク領のオーストリア、スペインいずれにも圧力をかけ続けていた。スペインでは「フランス・トルコ同盟」は自明のこととして語られていた。

だがウィーンは、一五〇年前のウィーンではなかった。なるほど第一次包囲のときと同じように、レオポルト一世は首都から逃亡していたが、首都の城壁は十分に強化されていた。また、ブダとウィーンとの間にはいくつもの要塞が築かれていたが、オスマン軍はこれらの要塞を迂回するように、一気にウィーンまで進出していた。カラ・ムスタファのウィーンへの気持ちが、オスマン軍団を引っ張っているかのようだった。ルイ一四世の圧力を感じて、皇帝はオスマン側と和議を結んで西方へ向かおうとしたが、カラ・ムスタファは聞く耳を持たなかった。そうした中で、ウィーン救援の行動を起こしたのはポーランドだった。

「トルコの脅威」の終焉

ヤン三世（ソビエスキ）は、即位当初フランスを頼って自国の勢力回復を図ろうとしたが、ルイ一四世のオスマン寄りの態度に失望して皇帝レオポルトに接近していた。そして今、もともと軍事的才能に恵まれていたソビエスキは、八月にポーランド軍を率いてウィーンへ進発。途中でオーストリア、バイエルンなどの兵を併せて九月一一日にはウィーン北郊のカーレンベルクの丘を確保し、翌日ここを駆け下ってオスマン軍を撃破したのであった。

第２次ウィーン包囲（Hegyi & Zimányi, 前掲書）

オスマン軍は坑道を掘り進めて城壁の一部を占拠し、市内突入も時間の問題かと思われていた。しかしおそらく、城壁を破壊できるだけの巨大砲を持たずに遠征してきたことが、大きな敗因のひとつであったろう。オスマン軍は、多くの戦利品を残して潰走した。カラ・ムスタファは、責任を問われて一二月にベオグラードで処刑される。

一六世紀末からの混乱をくぐり抜けて、たしかに面目を一新して立ち直ったオスマン帝国だったが、かつてビュスベクを感嘆させたような軍規は、もはや失われていたのではなかったろうか。常に待遇の改善を要求し、人員が肥大化する世襲のイェニチェリの存在が、それを象徴していただろう。また、オスマン軍も装備改良の努力を放棄していたわけでは決してなかったが、ヨーロッパは、それを凌駕《りょうが》する勢いで軍事的な発展を始めていたのである。

一七世紀以降、オスマン知識人の多くが、スレイマン一世時代を懐かしみながら帝国の現状を嘆いている。たしかにその相当部分は「昔はよかった」式の懐旧談であったかも知れないが、しかし少なくとも軍隊に関して、オスマン帝国がかつての力を失っていたことは疑いない。いずれにせよウィーンはこうして、一五二九年のスレイマン一世による包囲以来、一五〇年余り続いた「トルコの脅威」から解放されたのである。それほど、ソビエスキの勝利はめざましいものだった。

カルロヴィッツ条約

勝利に沸くヨーロッパで、ソビエスキは英雄になった。翌一六八四年、彼はローマ教皇を中心に皇帝レオポルト一世、およびヴェネツィアと「神聖同盟」を結成し、オスマン帝国に対する全面的な反撃を開始しようとした。計画では、ヴェネツィアはダルマツィアとギリシア、エーゲ海で行動し、皇帝軍はハンガリーからドナウ川中流域をバルカンの山地へと向かうことになっていた。そしてポーランド軍は、黒海沿岸を南下するはずだった。

だがオスマン側も一気に崩れたわけではない。カラ・ムスタファ・パシャは処刑されたがキョプリュリュ家は健在だった。そしてオスマン軍はそれなりに、西からの圧力をはね返す努力を重ねてゆく。何よりハンガリーで、テケリ・イムレが相変わらず抵抗していた。したがって皇帝軍は、ブダを包囲して大敗を喫し、多大な損害を出した。またソビエスキは黒海沿岸だけではなく、モルダヴィアとトランシルヴァニアをも支配下に入れようと考えて皇帝と対立していた。ソビエスキはさらに、一六八六年には正教徒のロシアを「神聖同盟」に参加させた。それによって、翌年ロシア軍はクリミア・タタールに対する攻撃を開始した。

皇帝軍も一六八六年にはブダを占拠し、レオポルト一世は、ハンガリー貴族の不満を無視して息子のヨーゼフを国王の座に就けた。二年後には、ブダ防衛にとって必須と考えられるベオグラード奪取が、バイエルン選帝侯の手によって成しとげられる。八九年になると、バーデン侯に率いられたキリスト教徒軍はセルビアへ入り、ニシュ、ニコポリスにいたった。

だが一六八八年には、イギリス名誉革命の余波が東方へおよんでいた。ルイ一四世の膨張政策に立ちはだかるアウクスブルク同盟諸国がイギリスとともにフランスとの戦争に踏みきり（プファルツ戦争）、皇帝は、同盟の一員として多くの兵力を、この対仏戦争に振り向けなければならなくなったのである。同じ年ローマ教皇も没して、「神聖同盟」は勢いを失う。そして同じ頃、イスタンブルではキョプリュリュ家が大宰相に復帰していた。ファーズル・アフメット・パシャの弟（つまりカラ・ムスタファの義弟）であるファーズル・ムスタファ・パシャである。このムスタファ・パシャはテケリ・イムレも使ってトランシルヴァニアで反攻を試み、セルビアの大半を奪還するとともにベオグラードをも取り返したのだった。

さらに一六九六年にはソビエスキが死んで、ポーランドはフランス、オーストリア、ロシアの各国が推す国王候補が、それぞれ傀儡《かいらい》として王位を争う状況に陥る。結局一六九七年、ザクセン選帝侯が皇帝とツァーリとに支持され、カトリックに改宗した上でアウグスト二世として即位することになった（のちにスルタンから軍楽隊を贈られるのはこの王である）。こうしてポーランドは、独立の地位を実質的に失っていったのである。そしてこの年九月、オスマン軍もハンガリー中部、（一七〇年ほど前にスレイマン一世がハンガリー王ラヨシュ二世を撃破したモハッチにもほど近い）ゼンタにおいて、大敗北を喫することになった。この敗戦を機に、オスマン側にも和平交渉に応じようとする機運が生じる。ちょうどこの一六九七年、ライスワイク条約によって西方でのプファルツ戦争が終結し、このままではレオポルト一世が全軍を東方へ向ける可能性が出てきたからである。

この長い戦争を終わらせるため、仲介に動いたのはイギリスだった。なぜならまず、イギリスにとって皇帝軍は、オスマン帝国にではなく、フランスに向けられるべき力だったからである。レオポルト一世の全軍を西方へ向けさせるためにも、イギリスには、まずオスマン帝国と「神聖同盟」との戦いを終わらせる必要があった。またオスマン帝国との戦争は、東地中海交易にとって大きな痛手だった。イギリス製毛織物をイスタンブルで消費させることが、戦争によって妨げられるからである。さらにルイ一四世は「盟友」オスマン帝国に対し、レヴァント貿易からヴェネツィア商人を追放すること、そしてその地位をフランス人に与えることを働きかけていた。重商主義政策のもとでフランスと海上覇権を争うイギリスと、そしてこの時期イギリスと同君連合を形成していたオランダとが、こうして講和の仲介役をかって出た。

交渉は一六九八年の一〇月に、セルビア北部の小邑《しょうゆう》カルロヴィッツで始められた。難航した会談は、それでも翌一六九九年一月二六日に調印され、ようやく東方に平和が訪れた。この条約でハプスブルク家はオスマン帝国からハンガリーを譲り受け、さらにトランシルヴァニア、クロアティア、スロヴェニアの領有権をも獲得した。

「紛争の巣」の下地

こうしてハプスブルク家オーストリアは中東欧における覇権を確立したと言われる。だが、一世紀半ぶりに国境が移動したことによって大規模な人口の移動が始まったことは、おそらくそれ以上に重要であろう。進出してきたオーストリア軍を後ろ盾に「反トルコ」闘争を行なっていたセルビア人の多くが、オーストリア軍の撤収によって「庇護者」を失い、報復を恐れてハプスブルク領となったハンガリーへ移動していった。ハプスブルク側は、彼らを用いてさまざまな形の軍事組織を編制し、以後の対オスマン軍事行動に利用した。一方、イスラム教徒「ボスニア人」の駐屯兵はハンガリーからボスニアへ戻っていった。さらに一八世紀に入ると、正教徒ロシア軍に占領された土地からハプスブルク領へ逃れるカトリックの農民の数も増加する。

こうした無秩序な人の動きは、当然ながら飢饉や疫病をともなうだろう。さらにオスマン軍の後退にともない、キリスト教徒によるイスラム教徒住民に対する暴力もしだいに日常化する。こうした混乱に、さらに西洋各国の利害がこの地域をめぐって交錯、対立したから、多宗教多言語の混在・共生を数世紀にわたって続けてきたこの地域が「民族・宗教紛争」の舞台となる素地が、しだいにできあがっていった。そして一〇〇年後、そこへ「ネーション」概念が浸透するにおよんで、この地域は一挙に「紛争の巣」の様相を呈してゆくことになるのである。

5　枠組みの転換――オスマン優位時代の終焉

国際関係の大転換

中央ヨーロッパにおけるオスマン帝国の後退は、ヨーロッパ国際関係の枠組みにも影響をおよぼさずにはおかなかった。「トルコの脅威」の消滅は、ハプスブルク家をオーストリア、ハンガリー、ボヘミアの統治に専念させることを可能にし、大時代な「普遍国家」をめざしていたこの王家をも、比較的コンパクトで凝集力のある国家の集権的な統治者へと変身させることになった。同時にオスマン帝国は一歩引いて、ヨーロッパ国際関係の一成員として、諸国家間の、武力を背景にした権力政治に加わってゆくことになる。

一方では、一七〇一年に皇帝レオポルト一世から「プロイセン国王」の称号を与えられたホーエンツォレルン家が、ハプスブルク家に対抗する勢力へと成長してゆく。そしてそのプロイセンが一八世紀の中頃にオーストリアに侵攻し、同時にイギリスへ接近すると、ハプスブルク家オーストリアは一七五六年、宿敵であり、オスマン帝国の「盟友」でもあったフランスと同盟を結ぶことになる。こうして一五世紀以来の――オスマン帝国の存在が、前提として大きな意味を持っていた――ヨーロッパ国際関係の枠組みが、がらりと音をたてて転換したのだった。

新たな枠組みの中で、西欧諸国は対オスマン交易を続けてゆく。砂糖、染料、コーヒーといった植民地商品に加え、毛織物、ガラス製品、磁器、火薬などがオスマン帝国に持ち込まれるが、小麦、羊毛、モヘア、綿、絹など、帝国からの輸出品の方がはるかに多いのが現実だった。差額は銀貨で補われ、オスマン帝国はさらにその銀貨で東方から商品をあがなった。また貿易の相手国として、一七世紀には他国を圧倒していたイギリスが一八世紀になると後退し、かわってフランスが地中海交易の主役となっていた。

オスマン政府の通商政策は――先にも述べたように――帝国内の供給を最優先にしていた

ため、原則的に穀物輸出を禁止するなど、輸出に制限を加えることはあっても、輸入品に制限を設ける「保護主義」はとっていなかった。したがって西欧諸国は、基本的に自由に交易を行なうことができたが、もはや各国の貿易全体に占めるレヴァント貿易の割合は、さして高いものとは言えないのが現実だった。だがいずれにせよ、こうしたヨーロッパとの通商関係も含めた大きな枠組みの変化の中で、オスマン社会も変容の度合いを深めてゆくのである。

失われゆく柔軟性

徴税請負制はしだいに一般化していった。元来この制度は、請負期間一年から三年を基本としていたが、一六九五年以降、終身徴税請負制《マーリキャーネ》が導入されて、請負人に対し一生涯にわたる請負権が与えられるようになり、一八世紀にはこれが定着してゆくことになる。制度の性格からして、徴税請負制が過酷な収奪の手段にかわってゆくことは必然だったからである。だがオスマン帝国の官僚制は、この弊害を認識し、取り除く手段を講ずるだけの力を備えていた。特定の人物に生涯にわたる請負権を賦与することで、彼が農村と農業生産とに関心を持ち、農民を慈《いつく》しむことで結局は彼自身も利益を上げうる制度として、「所有者のごとく」を意味する、この終身請負の制度が考え出されたのである。

だが問題はおそらく、誰がその請負権を手にするかであったろう。多くの場合、それを手

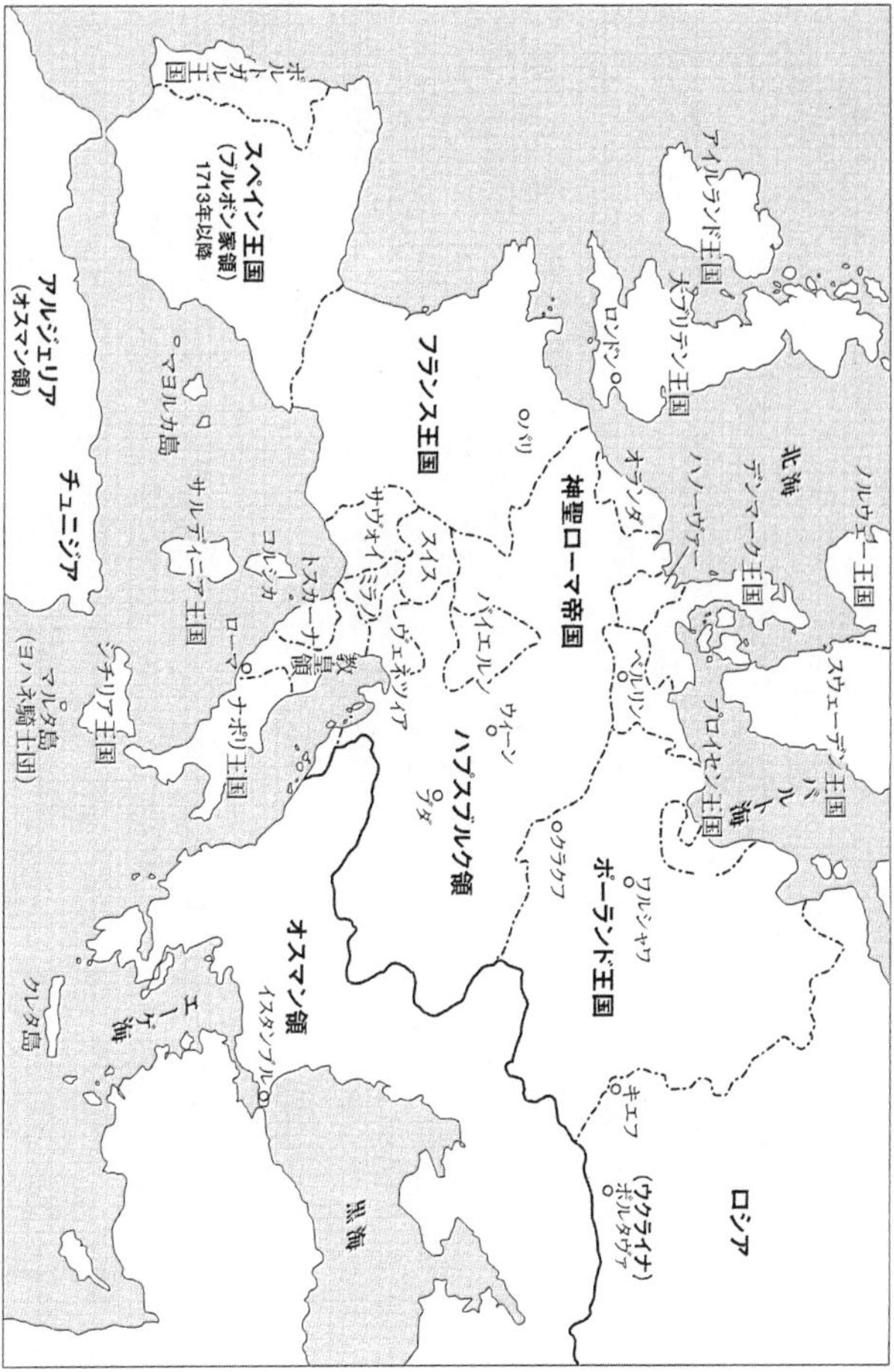

18世紀初頭のヨーロッパ

にするのは有力官僚だった。だが彼らは農村の実態には暗かったし、そもそも農村に暮らしてもいなかった。そこで実際の徴税を行なう下請け人が選ばれることになる。こうして徴税請負下請け権を獲得した地方の有力者が、その権限を利用しながら土地を集積していったと考えられる。「チフトリキ」と呼ばれる大農場が、一八世紀には各地で見られるようになってゆくのである。

チフトリキを所有する地方名士は「アーヤーン」と呼ばれ、彼らは私兵も養って、しだいに中央政府の介入を拒む半独立の勢力にすらなってゆく。彼らはアナトリアやバルカンで新たに形成された域内交易路も押さえ、場合によっては沿岸部の港湾都市も支配下に入れて、ヨーロッパへの穀物や商品作物の輸出にも直接かかわった。地方社会は、こうして都市と農村とを併せた一円的な支配を行なうアーヤーンたちによって繁栄をもたらされ、オスマン帝国の経済も、大局的に見れば順調な発展を示していたと言うことができる。だがその発展が、中央政府の財政を豊かにしたかと言えば、それは否であった。徴収された税のうち、国庫に入るのがわずか五分の一だったという観察すらある。

さらにアーヤーンたちにも大きな弱点があった。それは、彼らが徴税請負の下請け権を中央政府の有力官僚から賦与されねばならなかったこと、また地方社会における彼らの権威が、スルタンから与えられる官職によって保障されるという側面を持っていたことである。しかも彼らの土地は名目的には国有地だったから、大領主であるアーヤーンたちも、中央政府から完全に自立したり、ましてやその権威あるいは正統性を否定して独立をめざしたりという存在にはなりえなかったのである。

政府はしばしばアーヤーンを処罰して中央集権の実《じつ》を取り戻そうと図ることになる。しかしそれも、もはや全体的な成功を収めるまでには到底いたらず、結局オスマン帝国では中央も地方も、いずれもが相手を圧倒できるだけの力を持てないまま、微妙な、あるいは半端なバランスを保って、一八世紀を過ごしていった。そしてそこに、圧倒的優位に立っていたオスマン帝国が、西洋諸国に押し返される一因が存在したと思われる。

さらに今ひとつ付け加えれば、優位に立った大文明の、その中心にいるという揺るぎない自信が、かつての辺境国家としての柔軟な機動性を失わせ、この国が改革を徹底して行なうことを妨げてゆくようにも思われる。まして、これ以降なされる改革は「西洋化」だったから、彼らの思いは複雑だったに違いない。オスマン帝国においてイスラムは、現状に応じて臨機に対応する現実的性格を示してきたが、それはさらなる自己変革を遂げる前に「西洋の衝撃」を受け、しだいに防衛のための（あるいは抵抗のための）拠り所と化してゆくのである。

ロシア・オーストリアとの戦い

一八世紀に入るとすぐ、ヨーロッパはスペイン継承戦争と北方戦争とに揺れ動くことになる。だが、いずれの戦争にもオスマン帝国は――フランス、スウェーデンの働きかけを拒んで――中立を維持していた。

だが一七〇九年、ポルタヴァの戦いでロシアのピョートル一世（一六七二〜一七二五）に敗れたスウェーデン国王がオスマン領内に逃亡し、オスマン政府がこれを保護したことでロシアとの緊張が高まることになった。南下を目指すロシアのツァーリは、一七一一年にポーランド領を通過して黒海西岸のオスマン領モルダヴィアへ侵攻してくる。しかしオスマン軍は北上してこれを迎撃し、プルート河畔でピョートルを包囲した。ツァーリは一六九六年以来占領していたアゾフをオスマン側に返還し、その周辺に築いた要塞も破却するという条件を呑んで、かろうじて虜囚を免《まぬか》れたのだった。

こうして新たに登場した敵国を北へ押し返すと、次いでオスマン政府は、カルロヴィッツ条約に違反してオスマン艦船への海賊行為を繰り返し、モンテネグロで叛乱を扇動するヴェネツィアを討つべく一七一四年に戦端を開いた。一六九九年以降ヴェネツィア領となったギリシア南部（モレア）の正教徒住民が、カトリック支配を嫌ってオスマン政府へ働きかけていたことも原因の一つだった。だがこの戦いは、オスマン軍がダルマツィアやクロアティア近辺で行動することで、否応なくオーストリアを巻き込むことになる。そしてオスマン軍は敗れ、一七一八年のパッサロヴィッツ条約において、新たにワラキア西部、セルビア北部、ボスニア北部をオーストリアへ割譲せざるをえなくなったのである。

オーストリアは翌一七一九年にトリエステの港を開き、地中海交易にも参入してくる。その進出を受ける形で、オスマン側でもセルビア人、ギリシア人、ブルガリア人がオーストリアとの通商に従事し、ヨーロッパ側の諸都市に拠点を作っていった。一方ロシアもスウェーデンとの戦いに最終的に勝利してバルト海への進出を果たし、同時に東方、南方への発展をも企図していた。バルカンのスラヴ系住民の中には、この地域におけるギリシア人およびギリシア語の優越に危機意識を持ち、教会組織を通してロシアへの接近を図るものもいたから、「正教の擁護者」ロシアには、黒海沿岸からさらにバルカンへと向かう大義があった。

そしてそのロシアはピョートル一世の死後、フランスと対抗してオーストリアと結んでいた。両国はポーランド継承戦争でもともに戦ったし、一七三六年にロシアがアゾフを再度奪取すべくオスマン帝国と戦端を開くと、オーストリアは翌年ロシア側に立ってオスマン領へ侵攻したのだった。

東方問題の萌芽

同盟していたとはいえ、しかしロシアとオーストリアとの利害が完全に一致していたわけではない。ロシアには黒海へ向かって南下し、クリミア占領ののちバルカン方面へ向かい、ドナウ川を自国とオスマンとの境界にしようとする青写真があった。最終的には「正教の擁護者」としてコンスタンティノープル（イスタンブル）の征服までが見通されていたであろう。一方オーストリアにとってドナウ川流域（具体的にはワラキア、モルダヴィア）は、自国の影響下におかれるべき地域だった。したがってその地域に対する他国の介入は、何としても排除したいところだった。のちのパン・スラヴ主義とパン・ゲルマン主義との対立の原型にも見えるこうした矛盾を抱えながら、両国はオスマン帝国と戦い、そして講和会議に臨んだのである。

会談は一七三七年八月にウクライナの小邑ネミロフにおいて始められた。もともとロシアがオスマン帝国と始めた戦いだったから、ロシア側が強い態度に出ていた。オスマン側は当然抵抗するが、奇妙なことにオーストリアがオスマン代表団に圧力をかけてこなかった。それどころか、全体会議が行き詰まり個別交渉に入ると、オーストリアはオスマン側に、ロシアに過度の譲歩をしないように忠告をしたのである。さらにオーストリアはこのとき、オスマン帝国を犠牲にしながらロシアがあまりにも強くなることを懸念するフランスを利用して、外交的な圧力もかけようとしていた。

こうしてネミロフでの交渉は決裂し、戦争は再開されることになるが、オスマン政府の学んだことは大きかった。オスマン朝の発展期と同じように、キリスト教勢力が団結してオスマン勢力の後退を実現しようとしているのでは決してなく、オスマン領の分け取りをめぐって、彼らの間に対立があること、そしてその対立を利用することで危機が回避されうること——これをオスマン側は確認したのであった。ヨーロッパ諸国が、その諸国家システムの中で勢力均衡を維持するためにオスマン帝国の領土を分け取りし、それを「分銅」として利用しようとする「東方問題」の萌芽が、すでにここに現われていたのである。そして以後オスマン帝国も、そういったヨーロッパの国際関係に主体的に参与することで——つまり自国の利害に応じて同盟したり敵対したりしながら——「国益」を守ってゆこうとすることになる。

オスマン帝国を含めたヨーロッパの国際関係は、明らかに新時代に入ろうとしていた。

西洋化改革の開始

ネミロフでの講和会議が決裂したのちオスマン軍は奮戦し、一七三九年のベオグラード条約によって、オーストリアからワラキア西部とセルビアおよびボスニアの北部（すなわちパッサロヴィッツ条約での失地）をほぼ奪い返し、ロシアからはアゾフ近郊の要塞破却を勝ち取った。

そして同じ頃、オスマン帝国では西洋化改革への第一歩が踏み出されていた。カルロヴィッツ条約ではじめて領土の割譲を認め、その後も敗戦を続けてパッサロヴィッツの講和会議に臨まざるをえなかったオスマン政府の中に、不敗であるはずのオスマン軍を破り続けるとは、「後進地域」であるはずのヨーロッパに一体何が起こっているのだろう、と考える政治家が現われたのである。彼はヨーロッパを観察し、場合によってはそれに学ぶことで帝国の頽勢《たいせい》を挽回できるかもしれないと考えた。そのために彼は、西洋諸国との戦いをできるだけ回避し、また西洋内部の争いに巻き込まれることも極力避けようとした。そしてさらに、それを可能とするために、西洋諸国に外交使節を派遣してそれぞれの国の実情を調査させ、同時にヨーロッパ国際関係のありようを理解しようとも努めたのだった。

さらにこの大宰相は、一七二〇年にはパリの少年王ルイ一五世のもとに使節を派遣し、フランスの文明を観察してオスマン帝国において採用可能なものがあるかどうかを報告するよう命じていた。ピョートル一世の西欧旅行に遅れること二〇年あまりで、オスマン帝国にも西洋化によって国家を立て直そうとする流れが現われたのである。

以後、紆余曲折《うよきょくせつ》を経ながらも、オスマン帝国では西洋化をめざす改革が延々と続けられてゆく。

なぜ衰えたのか?

しかしなぜ、あれほどの力を示した帝国が衰退を余儀なくされたのであろうか。

先にも述べたように、一八世紀に進行した地方分権化が大きく作用したことは疑いあるまい。もちろんそれは、地方がそれぞれ固有の道筋で「近代」を生み出す可能性を秘めた、内発的な変容過程でもあったのだが、しかし分権化が、西洋諸国と対峙せねばならない中央政府に、帝国の潜在的な力を集約・利用できないように強いたことも一方の事実だろう。そして分権化のプロセスとほとんど同時に進行した軍組織の変容が、キリスト教諸国と戦って敗れるという、かつて経験したことのない苦い思いを帝国に味わわせたのだった。人員はやり繰りできても、一六世紀にビュスベクを感嘆させたような規律は、もはや昔語りになっていた。さらに、オスマン軍も決して装備の改良に無頓着だったわけではないが、彼らが戦う相手は、彼らを上回る勢いで自己革新をとげていたのである。

　また西洋は、宗教の面でも自己革新を図っていた。それは、誕生後三世紀にわたって権力に弾圧された経験をもつキリスト教が堅固な教会組織を作り上げ、人々に逸脱を許さない、ある種の厳格さを持っていたがゆえであったろう。そうした厳格さがあってはじめて、それに抵抗しつつ啓蒙や世俗主義が生まれたのではないか。一方、教会組織を持たないオスマン帝国では、宗教はきわめて緩やかに人々の間に行き渡っていた。「正統的」教義から見ればほとんど異端と見えるような儀礼や習慣までが、疑われることもなくイスラムの信仰として人々に受け容れられていた。さまざまな形でさまざまなレヴェルに、イスラムは「正しい信仰」としてしみわたっていたのである。宗教を桎梏《しっこく》とみなすような考え方は、そこでは生まれにくかったであろう。中世において偉大な思想家や哲学者を輩出したイスラム世界が、「近代的思惟」の面で目に立つ貢献をしていない理由の一半は、そのあたりにあるのではないかと思われる。

　あるいは、オスマン帝国でも「近代思想」を生み出すべく、イスラムが自己変革をとげるところだったのかもしれない。しかしその前に、オスマン帝国はキリスト教世界からの攻撃を受けた。だとするならばイスラムは、その攻撃に対する抵抗や防衛や、場合によっては自己正当化の拠り所に、否応なくなっていったであろう。そこでの自己変革は、もはや内発的なものではなく、「本来の姿」を取り戻そうとする「原理主義」的形態を取ったり、西洋からの文物の移入を正当化する「近代主義」的な形を取らざるをえなくなるだろう。かつて「イスラムの宗教改革」と称揚されたこともあるトルコ革命が、実は完全に政治的な動機から遂行され、さらに同じ理由で変質していったことも、近代のイスラムがおかれたそうした困難の反映だったにちがいない。

繰り返しになるが、オスマン帝国はイスラムの担い手として発展してきた。そしてそこでイスラムは、人々を縛っていなかった。さらにオスマン帝国の経済政策は、利潤の追求や国富の集積をめざしてはいなかった。それはスルタンの臣民に、物資が安定して供給されることを目的としていた。それを妨げる形で不当な利益を上げるものを、スルタンの政府は厳しく取り締まろうとした。つまりあえて言えば、この社会は自足を知る社会だったのである。少なくともこの社会を律していた倫理は、資本主義の精神を生み出したりするものではなかった。こうした状況を「停滞」と評価する人々に、この国が押されてゆくことはほとんど自明だったように思われるのである。

エピローグ――「トルコ軍楽」の変容

西洋式軍楽隊の創設

トルコ行進曲の起源から出発して、ヨーロッパと「トルコ」との長い長い関わりの歴史をたどりながら、とうとう僕たちは、近代と呼ばれる時代のとばぐちにまでやってきた。その時代の中で、ともすれば列強の餌食になるだけか、あるいは民族独立を目指す支配下の人々を弾圧するだけかのように描かれることの多いオスマン帝国だが、実際には国家の立て直しを図る真摯《しんし》な努力が、東西の言葉や学問に通じた、優れた知性によって積み重ねられてゆくのである。結果はなるほど芳《かんば》しくはないけれど、彼らが単なる野蛮で狂信的な圧制者ではなかった事実は、事実として認識しておきたいと（身びいきに聞こえるかもしれないが）思うのである。

最後に、本書の守備範囲を越える近現代の動きを、トルコ行進曲の出現に大きな役割を果たしたオスマン軍楽の変容に焦点を絞って見てゆくことにしたい。

オスマン帝国の軍事的後退が改革の直接的契機だったから、行なわれる改革も、まず軍隊を対象とすることが多かった。砲兵隊のための幾何学の学校や技術学校の設立などを含むこうした改革に、しかしイェニチェリがことごとく反対をし、場合によっては暴動を起こして改革を廃止に追い込んだ。一八世紀末には、そうしたイェニチェリにかわる新しい歩兵部隊が新設されるが、イェニチェリはこれをつぶすだけではなく、その改革を実施したスルタンを廃位させることまでするのである。

こうした動きを間近に見てきたスルタン、マフムート二世（一七八五〜一八三九）は一八二六年、ついに首都のイェニチェリ部隊を撃滅し、同時にイェニチェリの廃止と新軍団の創設とを帝国全土に布告した。西洋式の装備と訓練とを施されるこの新軍団は、ズボンをはきシャツを着、トルコ帽をかぶった文字通りハイカラな集団だった。

この西洋式軍団にイェニチェリの軍楽がふさわしくないことは、それこそ火を見るよりも明らかだろう。こうしてオスマン政府はイスタンブル駐在のイタリア（正確に言えばサルディニア）大使館を通じて人材の派遣を要請し、一八二八年、ジュゼッペ・ドニゼッティがスルタンのもとを訪れることになった。オペラ作曲家として名を残すガエターノの兄であるこのドニゼッティは、早速西洋式の軍楽隊を編成、教育し、同時に彼を招いたスルタンのために「マフムート・マーチ」も作曲してみせた。一八三九年にスルタンが代替わりすると、新スルタンのためのマーチも作り、これらは、いわばオスマン帝国の「国歌」として演奏されたのだった。そしてドニゼッティ自身はパシャの称号を授けられ、死にいたるまでの二八年間をイスタンブルで過ごして、オスマン音楽の西洋化に大きな足跡を残すことになる。

　こうして、ヨーロッパ世界に大きなインパクトを与え、「トルコ行進曲」をすら作らせたイェニチェリ軍団とその軍楽隊も、オスマン帝国の後退と西洋化改革の進行との中で消えていった。新たなオスマン軍団は「洋服」を着たし、その軍楽隊は西洋のトランペットとドラムで演奏を行なった。演奏する曲目も、オスマン音楽には本来存在していなかった五線譜を使って書かれていた。

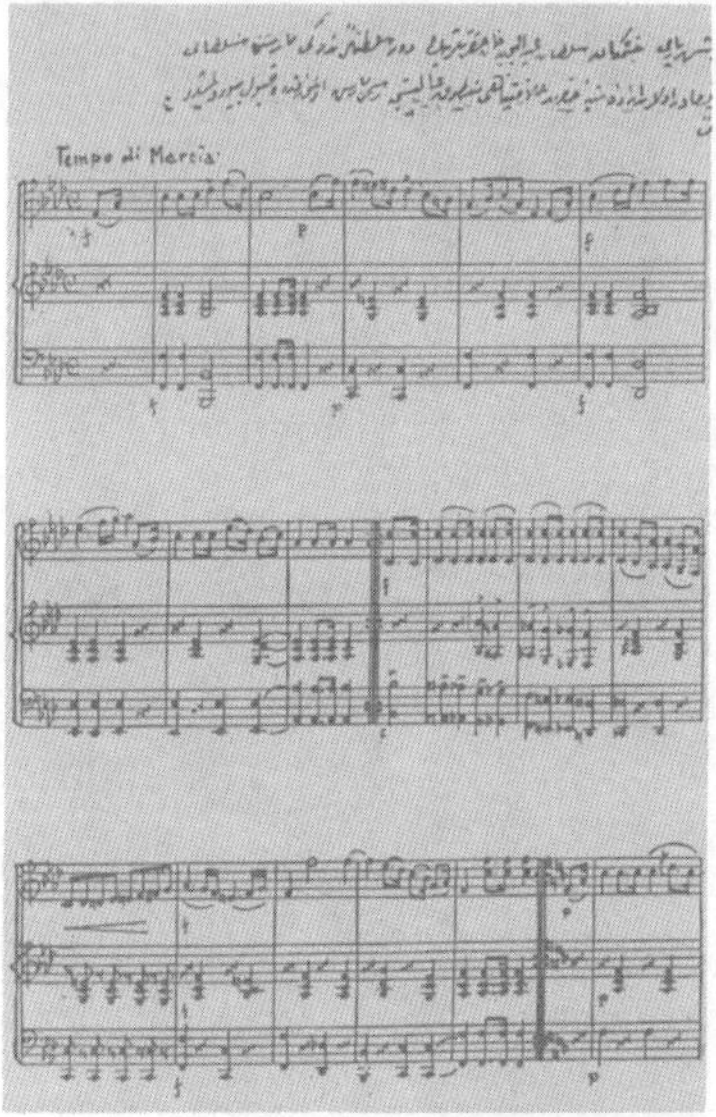

（上）ドニゼッティがスルタン，アブデュルメジトのために作曲した「スルタン・マーチ」の楽譜

（下）ジュゼッペ・ドニゼッティ

(Tanzimat'tan Cumhuriyet'e *Türkiye Ansiklopedisi*, 1985, ISTANBUL)

トルコ・ナショナリズムの生成と軍楽隊の復活

一九世紀も末になると、オスマン・トルコ人の間にもナショナリズムが生まれてくる。オスマン帝国は西洋化改革を遂行する過程で、帝国本来の形——「支配民族」が存在せず、ギリシア系、セルビア系、トルコ系など、さまざまな「オスマン人」がイスラム教徒、キリスト教徒、ユダヤ教徒などの共存する社会を統治する「イスラム国家」の形——を修正して、帝国内の全住民を平等な権利と義務とをもつ均質な「オスマン国民」とみなす方向へ変身していった。したがってトルコ系オスマン人が「トルコ民族」を主張することは「オスマン国民」の調和を乱すと考えられたから、バルカンにおける諸国家の独立後もなお、トルコ・ナショナリズムが有力になることはなかった。

だが、ようやくオスマン帝国の崩壊直前にいたって、帝国を維持するためにトルコ人がトルコ民族としての自覚と誇りとを持つべきであるとする考え方が力を得ることになる。そうした風潮の中で一九一四年、イスタンブルの軍隊博物館に付属するものとして、イェニチェリの軍楽隊が再編成された。ナショナリズム隆盛の中で、オスマン帝国それ自体が、トルコ民族の作り出した「偉大な功業」の一つとみなされていたからである。そしてその帝国の拡大の、いわば象徴とも言えたのが軍楽隊だったからである。

トルコ共和国の成立と軍楽隊

だが同じ一九一四年、オスマン帝国は第一次大戦に巻き込まれ、敗北を喫する。帝国は瓦解の危機に立ち、「トルコ人」を中央アジアの草原へ駆逐してしまおうという帝国主義列強、およびその後押しを受けたギリシア軍との苦しい戦いが始められる。そして一九二三年、トルコ共和国が作りあげられると、ナショナリストの共和国は、徹底した脱イスラム化と西洋化による国家建設を開始する。その中で「オスマン帝国」は、トルコ民族本来の優れた能力を封じ込め、諸民族の「ごった煮」によって作られ維持された忌むべき存在として貶《おとし》められることになった。世俗的で西洋的なトルコ人の共和国は、したがってオスマン的、イスラム的伝統をすべて捨て去ろうとし、当然、イェニチェリ軍楽隊も廃棄の対象とされた。一九三五年のことである。

しかしまた、さまざまな曲折を経て軍楽隊は復活する。一九五二年、トルコが第二次大戦後に「西側陣営」に全面的に参入して政治的にも経済的にも「自由主義」を標榜《ひょうぼう》し、複数政党制に移行するとともに、共和国初期の極端とも言える脱イスラム政策を転換したのちのことであった。

軍隊博物館のイヴェントとしていくつもの曲が演奏され、歌われるが、その中で日本人観光客に圧倒的に支持されたのが「ジェッディン・デデン」であろう。かつてＮＨＫが向田邦子作品『阿修羅《あしゅら》のごとく』のテーマ音楽として流したことをきっかけに、またその後ビートたけしの出演する製薬会社のコマーシャルでも使われて広く知られるようになったこの曲は、日本人がイスタンブルにあるこの博物館を訪ねると、何も言わなくとも演奏されるほど、僕たちにとってもっともポピュラーな「トルコ音楽」と言うことができるだろう。

この曲の名は「汝が父祖、汝が祖父」といった意味なのだが、実はこの曲の歌詞が表現しているのは、決してオスマン軍の精強さなぞではなく、トルコ民族としての誇りの感情なのである。そしてそれは、イェニチェリがヨーロッパ世界を震え上がらせていた当時には存在していなかった感情である。なぜなら、まずイェニチェリは、本来バルカンのキリスト教徒の子弟から徴発されたものたちによって構成されていた——つまりトルコ人ではなかった——し、第二にオスマン帝国に「民族」の概念は存在していなかったからである。要するにこの歌詞は、明らかに西洋の影響によって二〇世紀以降、おそらくはトルコ・ナショナリズムが急速に力を得つつあった一九一七年前後に書かれたものなのである。

つまり、西洋に「トルコ風」を流行させ、「トルコ行進曲」を作らせたオスマン軍楽が、数百年ののち、その西洋の影響を受けて改変され、ナショナリズムという西洋起源の思想の洗礼を受けて変質した姿を、今僕たちは聴いていることになるのである。

「トルコ行進曲」と「トルコ軍楽」——。似て非なるものではあるけれど、どちらも西洋世界と「トルコ」との、抜き差しならない関わりの中で生まれ、変化を遂げた、一筋縄ではゆかない歴史をその中に秘めていたのである。

参考文献

プロローグ

柴田南雄・遠山一行（編訳）『ニューグローヴ世界音楽大事典』講談社、一九九三―九五年。

Dorothy M. Vaughan, *Europe and the Turk : a Pattern of Alliances 1350-1700*. Liverpool : The University Press, 1954. (repr. New York : AMS Press, 1976.)

第一章

護雅夫『李陵』中公叢書、一九七四年（中公文庫、一九九二年）。

同『古代遊牧帝国』中公新書、一九七六年。

同「匈奴遊牧騎馬国家と北方遊牧民族」同編『漢とローマ』平凡社（『東西文明の交流』第一巻）、一九七〇年。

同「フン・民族大移動・アッティラ」同編『漢とローマ』（前掲）

林俊雄「草原世界の展開」小松久男（編）『中央ユーラシア史』山川出版社（『新版世界各国史』第四巻）、二〇〇〇年。

同「フンの黄金文化」『季刊文化遺産』一二号、二〇〇一年。

ロバート・ブラウニング（金原保夫訳）『ビザンツ帝国とブルガリア』東海大学出版会、一九九五年。

Faruk Sümer, "Oğuzlar," *İslâm Ansiklopedisi*, vol. 9. İstanbul : Millî Eğitim Basımevi, 1964.

Akdes Nimet Kurat, "Peçenekler," *İslâm Ansiklopedisi*, vol. 9.（前掲）

梅村坦「中央アジアのトルコ化」間野英二（編）『アジアの歴史と文化』第八巻、同朋舎（角川書店発売）、一九九九年。

間野英二「中央アジアのイスラーム化」同編『アジアの歴史と文化』第八巻（前掲）

杉山正明「中央ユーラシアの歴史構図」『岩波講座世界歴史』第一一巻、一九九七年。

堀川徹「中央アジアのテュルク遊牧民」『アジア遊学』三〇号、二〇〇一年。

佐藤次高『マムルーク』東京大学出版会、一九九一年。

清水宏祐「イブラーヒーム・イナールとイナーリヤーン」『イスラム世界』一〇号、一九七五年。

井谷鋼造「トルコ民族の台頭と十字軍」間野英二（編）『アジアの歴史と文化』第九巻、同朋舎（角川書店発売）、二〇〇〇年。

İbrahim Kafesoğlu, "Malazgirt Muhârebesi," *İslâm Ansiklopedisi*, vol. 7. İstanbul : Millî Eğitim Basımevi, 1972.

Speros Vryonis, Jr., *The Decline of Medieval Hellenism in Asia Minor and the Process of Islamization from the Eleventh through the Fifteenth Century*. Berkeley : University of California Press, 1971.

杉山正明『大モンゴルの世界』角川選書、一九九二年。

佐藤次高『イスラームの「英雄」サラディン』講談社（選書メチエ）、一九九六年。

カルピニ／ルブルク（護雅夫訳）『中央アジア・蒙古旅行記』（復刻版）光風社出版、一九八九年。

井谷鋼造「モンゴル侵入後のルーム」『東洋史研究』三九巻二号、一九八〇年。

同「モンゴル軍のルーム侵攻について」『オリエント』三一巻二号、一九八八年。

小山皓一郎「オスマン朝の始祖オスマンと「オスマン集団」の性格」『東洋学報』五〇巻三号、一九六七年。

同「民族移動がひらく地域」松本宣郎／山田勝芳（編）『移動の地域史』山川出版社、一九九八年。

第二章

林佳世子『オスマン帝国の時代』山川出版社、一九九七年。

井上浩一／栗生沢猛夫『ビザンツとスラヴ』中央公論社（『世界の歴史』第一一巻）、一九九八年。

Stanford J. Shaw, *History of the Ottoman Empire and Modern Turkey.* Vol. 1. Cambridge : Cambridge University Press, 1976.

Anthony Dolphin Alderson, *The Structure of the Ottoman Dynasty.* Oxford : Clarendon Press, 1956. (repr. Westport : Greenwood Press, 1982.)

鈴木董『オスマン帝国の権力とエリート』東京大学出版会、一九九三年。

今澤浩二「オスマン朝初期におけるウレマー制の展開」『イスラム世界』四五号、一九九五年。

Halil İnalcık, *The Ottoman Empire : The Classical Age 1300-1600.* London : Weidenfeld & Nicolson, 1973.

鳥山成人「十四・十五世紀の東ヨーロッパ世界　二：南・東ヨーロッパ」『岩波講座世界歴史』第一一巻、一九七〇年。

アンドレ・クロー（岩永・井上・佐藤・新川訳）『メフメト二世：トルコの征服王』法政大学出版局、一九九八年。

佐原徹哉「オスマン支配の時代」柴宜弘（編）『バルカン史』山川出版社（『新版世界各国史』第一八巻）、一九九八年。

Metin Kunt, "Transformation of Zimmi into Askeri," in Benjamin Braude & Bernard Lewis (eds.), *Christians and Jews in the Ottoman Empire.* Vol. 1. New York : Holmes & Meier, 1982.

間野英二『中央アジアの歴史』講談社（現代新書）、一九七七年。

今澤浩二「アンカラ会戦前史」『史学雑誌』九九巻三号、一九九〇年。

スティーヴン・ランシマン（護雅夫訳）『コンスタンティノープル陥落す』みすず書房、一九六九年。

デヴィッド・ニコル（桂令夫訳）『オスマン・トルコの軍隊』新紀元社、二〇〇一年。

米田治泰「コンスタンティノープルの人口と生産機構：学説史的展望」『西南アジア研究』二一号、一九六八年。

山本佳世子「十五世紀後半のイスタンブル」『お茶の水史学』二五号、一九八二年。

新谷英治「スルターン・ジェムの時代のオスマン朝とヨーロッパ」『西南アジア研究』二四号、一九八五年。

井上浩一『ビザンツ皇妃列伝』筑摩書房、一九九六年。

永田雄三／羽田正『成熟のイスラーム社会』中央公論社（『世界の歴史』第一五巻）、一九九八年。

Gürlu Necipoğlu, "Süleyman the Magnificent and the Representation of Power in the Context of Ottoman-Hapsburg-Papal Rivalry," Halil İnalcık & Cemal Kafadar (eds.), *Süleyman the Second and His Time.* İstanbul : İsis, 1993.

新谷英治「オスマン朝とヨーロッパ」『講座世界史』第一巻、東京大学出版会、一九九五年。

家島彦一『イスラム世界の成立と国際商業』岩波書店、一九九一年。

第三章

Stanford J. Shaw, *History of the Ottoman Empire and Modern Turkey.* Vol. 1.（前掲）
Halil İnalcık, *The Ottoman Empire : The Classical Age.*（前掲）
アンドレ・クロー（濱田正美訳）『スレイマン大帝とその時代』法政大学出版局、一九九二年。
Gürlu Necipoğlu, "Süleyman the Magnificent and the Representation of Power in the Context of Ottoman-Hapsburg-Papal Rivalry."（前掲）
近藤和彦「近世ヨーロッパ」『岩波講座世界歴史』第一六巻、一九九九年。
稲野強「ハプスブルク帝国とオスマン帝国」『講座世界史』第二巻、東京大学出版会、一九九五年。
新谷英治「オスマン朝とヨーロッパ」（前掲）
John Elliot, "Ottoman-Hapsburg Rivalry : the European Perspective," Halil İnalcık & Cemal Kafadar(eds.), *Süleyman the Second and His Time.*（前掲）
Paolo Preto, "Relations Between the Papacy, Venice and the Ottoman Empire in the Age of Süleyman the Magnificent," Halil

İnalcık & Cemal Kafadar (eds.), *Süleyman the Second and His Time.*（前掲）
Dorothy M. Vaughan, *Europe and the Turk : a Pattern of Alliances 1350-1700.*（前掲）
Géza Dávid, Pál Fodor (eds.), *Ottomans, Hungarians, and Habsburgs in Central Europe.* Leiden : Brill, 2000.

第四章

Gürlu Necipoğlu, "Süleyman the Magnificent and the Representation of Power in the Context of Ottoman-Hapsburg-Papal Rivalry."（前掲）
アンドレ・クロー（濱田正美訳）『スレイマン大帝とその時代』（前掲）
戸谷浩「ハプスブルクとオスマン」南塚信吾（編）『ドナウ・ヨーロッパ史』山川出版社（『新版世界各国史』第一九巻）、一九九九年。
稲野強「ハプスブルク家支配の確立」南塚信吾（編）『ドナウ・ヨーロッパ史』（前掲）
羽田正『勲爵士シャルダンの生涯』中央公論新社、一九九九年。
川出良枝『貴族の徳、商業の精神』東京大学出版会、一九九六年。
佐藤弘幸「オランダ」森田安一（編）『スイス・ベネルクス史』山川出版社（『新版世界各国史』第一四巻）、一九九八年。
近藤和彦「近世ヨーロッパ」（前掲）
Akdes Nimet Kurat, *Türk-İngiliz Münasebetlerinin Başlangıcı ve Gelişmesi (1553-1610).* Ankara : T. T. K., 1953.
林佳世子『オスマン帝国の時代』（前掲）
永田雄三／羽田正『成熟のイスラーム社会』（前掲）
A. Hamilton, A. H. de Groot, M. H. van den Boogert (eds.), *Friends and Rivals in the East : Studies in Anglo-Dutch Relations in the Levant from the Seventeenth to the Early Nineteenth Century.* Leiden : Brill, 2000.

Halil İnalcık, *The Ottoman Empire : The Classical Age.*（前掲）

Suraiya Faroqhi, "Crisis and Change, 1590-1699," Halil İnalcık, Donald Quataert (eds.), *An Economic and Social History of the Ottoman Empire 1300-1914.* Cambridge : Cambridge University Press, 1994.

M. Tayyib Gökbilgin, "Köprülüler," *İslâm Ansiklopedisi,* vol. 6. İstanbul : Millî Eğitim Basımevi, 1977.

Dorothy M. Vaughan, *Europe and the Turk : a Pattern of Alliances 1350-1700.*（前掲）

稲野強「ハプスブルク帝国とオスマン帝国」（前掲）

Stanford J. Shaw, *History of the Ottoman Empire and Modern Turkey.* Vol. 1.（前掲）

小山皓一郎「17世紀オスマン朝史料 Vekayi-i Beç（ウィーン遠征日誌）について」『オリエント』一四巻二号、一九七一年。

İlber Ortaylı, *Studies on Ottoman Transformation.* İstanbul : İsis, 1994.

Ivan Parvev, *Hapsburgs and Ottomans between Vienna and Belgrade (1683-1739).* Boulder : East European Monographs (Distributed by Columbia University Press), 1995.

永田雄三「後期オスマン帝国の徴税請負制に関する若干の考察：地方名士の権力基盤としての側面を中心に」『駿台史学』一〇〇号、一九九七年。

Bruce McGowan, "The Age of Ayans, 1699-1812," Halil İnalcık, Donald Quataert (eds.), *An Economic and Social History of the Ottoman Empire 1300-1914.*（前掲）

エピローグ

新井政美「トルコ行進曲とトルコ軍楽」『みすず』四八一号、二〇〇一年。

同『トルコ近現代史：イスラム国家から国民国家へ』みすず書房、二〇〇一年。

あとがき

あとがきを書くのは難しい。だが今回は、迷うことなく弁明をしなければならない。なぜなら、この本があつかう時代は、見事にすべて、僕の「専門外」だからである。看板に掲げていない事柄について四〇〇枚に近い書物を書き下ろせば、これはどうしたってその本の成り立ちを説明しなければならないというものだろう。

講談社の山崎比呂志さんが（と、最初から責任を他人《ひと》に転嫁しようとしているけれど）僕が『岩波講座世界歴史』に書いた「オスマン帝国とヨーロッパ」を読んだのがそもそもの始まりだった。「権威ある」講座に、専門から外れたテーマで参加することを引き受けた僕の厚顔ぶりも相当なものだが、それを読んで、さらに同じテーマで一冊本を書かせようと考えた山崎さんの思いつき（失礼、企画力！）は、これは一体なんだろう。

まあとにかくそういうわけで、山崎さんが研究室へ見えたのが二年半ほど前のことだった。そんなだいそれたテーマで、——『岩波講座』の論文だってやっとの思いで書き終えたのに——さらにその何倍もの長さの本を書くなんて、それまでの僕なら絶対に断っていた（本当です）。しかもそのとき僕は、それこそ自分の専門分野をたっぷりと含んだ、けっこう長大な近現代の通史を抱えていて、大体それを完成させられるかどうかもわからない状態だったのである。でもおそらく、かえってそれだからこそ、つまり半分は破れかぶれで、「二、三年待っていただければ」と返事をしたように記憶している。そうすることで、一、二年のうちには近現代史を何とかしなければいけないと、自分を追い込んでしまうつもりだったと思うのである。

さらに、引き受けてしまった理由がもう一つあって、それは実は、「トルコ民族史概説」のような授業を、勤め先の東京外国語大学で数年にわたってしていたことだった。「歴史」にではなく「トルコ」に関心を持って入学してくる——場合によっては受験で「世界史」を勉強していない——学生の多い大学で、歴史しか能がない僕が、とにかく「トルコの歴史」について、少しでも興味を持ってもらえるような、しかし最低限必要なことは詰まっているという講義をしてみたいと思い、しかしこれがなかなかうまくゆかなくて、実際その頃僕は腐っていたのである。そこへまさに降って湧いたようなこの話だった。これまでの講義ノートを改めながら、最初からその概説授業をくみ立て直してみる、これは案外いい機会ではないかと、そのとき僕は思ったのである。

というわけで、右往左往しながら書き上げたこの本の中に、僕独自の研究成果——直接根本史料に当たり、それを読み込み格闘しながら考えた結果——は、恥ずかしながら一つもない。すべては内外の先達、同僚、気取って言えば colleague たちの研究成果に寄りかかって書かれたものである。その中で、もし少しでも僕らしさがあるとすれば、それはそうした素材を使ったストーリーの作り方、であるのかもしれない。

苦しいような楽しいような、不思議な時間を過ごさせていただいて、そして意外と早く書き上がった第一稿について貴重な意見を聞かせていただいて、さらには、この素敵な（もちろんちょっと気恥ずかしい）タイトルまでも考え出していただいて（！）、山崎さんにはやはりお礼を申し上げるべきかと思う。そして、いつも僕を悩ませてくれる、愛すべき学生諸君にも。

二〇〇二年早春

新井政美

学術文庫版へのあとがき

選書メチエの一冊として本書が刊行されてから、一九年に近い歳月が流れた。一九年は、著者にとってはあっという間だが、そのあっという間に、あのとき生まれた赤ちゃんはもう大学生になっているかもしれない。その単純な事実に気づいて呆然とし、同時に責任のようなものも感じて、少し粛然としている。

ともあれこれだけの年月本書が書店に並び続け、そして今度は思いがけず学術文庫に入れていただくことになったのは、ヨーロッパの歴史に「トルコ」の影が差していると感じる方が、日本の読書家の中にそれだけいる、ということなのだと思う。そうした真っ当な感じ方、あるいは疑問に、本書がわずかなりとも答えることができていれば幸いだが、それとはまた別に、歴史、あるいはものの見方そのものに関わる小さなヒントが、特に若い読者に提供できればというのが、そろそろ古希に近づいてきた著者の大それたのぞみなのである。

視点を変えることの大切さ、と言い換えてもよいだろう。本書はたぶん、ヨーロッパというものに外から光を当てていると思う。その結果、ヨーロッパの中でじーっと目を凝らしているだけでは見えにくいものが、見えてくるのではないか。同じことは、多分オスマンの歴史についても当てはまるので、たとえばオスマン側の史料は、ローマ皇帝としてのスルタン像などというものを書きはしないだろう。でもキリスト教ヨーロッパはそれを書き残した。そのように、いくつかの異なる角度から光を当てることで、ものが少し違って見えてくるというのは、けっこう大切なことだと思うのである。このことは、僕たち自身の国についても当てはまるにちがいない。欧米中心主義を排して、結局自己中心主義に陥らぬためにも、柔軟に、複眼的視座を保つことの大切さ、そして面白さを、一九歳のきみが感じてくれたら、こんなに嬉しいことはない。

なお、文庫化にあたっては、若干の字句の修正以外は、メチエ版をそのまま収めていただいた。

新井政美

二〇二一年一月一三日

ワ

ヤ

ラ

マ

ナ

ハ

タ

サ

カ

索 引

ア

KODANSHA

本書の原本『オスマンvs.ヨーロッパ』は、
小社より二〇〇二年に刊行されました。

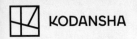

新井政美（あらい　まさみ）

1953年生まれ。東京大学大学院東洋史専攻博士課程単位取得退学。東京外国語大学名誉教授。トルコ歴史協会名誉会員。専攻はオスマン帝国史，トルコ近代史。著書に『トルコ近現代史――イスラム国家から国民国家へ』『オスマン帝国はなぜ崩壊したのか』『憲法誕生――明治日本とオスマン帝国　二つの近代』ほか。

講談社学術文庫

定価はカバーに表示してあります。

オスマンvs.ヨーロッパ
〈トルコの脅威《きょうい》〉とは何《なん》だったのか

新井政美《あらいまさみ》

2021年３月９日　第１刷発行
2022年２月８日　第２刷発行

発行者　鈴木章一
発行所　株式会社講談社
東京都文京区音羽 2-12-21 〒112-8001
電話　編集（03）5395-3512
販売（03）5395-4415
業務（03）5395-3615

装　幀　蟹江征治
印　刷　株式会社広済堂ネクスト
製　本　株式会社国宝社
本文データ制作　講談社デジタル製作

ISBN978-4-06-522845-6

「講談社学術文庫」の刊行に当たって

これは、学術をポケットに入れることをモットーとして生まれた文庫である。学術は少年の心を養い、成年の心を満たす。その学術がポケットにはいる形で、万人のものになることは、生涯教育をうたう現代の理想である。

こうした考え方は、学術を巨大な城のように見る世間の常識に反するかもしれない。また、一部の人たちからは、学術の権威をおとすものと非難されるかもしれない。しかし、それはいずれも学術の新しい在り方を解しないものといわざるをえない。

学術は、まず魔術への挑戦から始まった。やがて、いわゆる常識をつぎつぎに改めていった。学術の権威は、幾百年、幾千年にわたる、苦しい戦いの成果である。こうしてきずきあげられた城が、一見して近づきがたいものにうつるのは、そのためである。しかし、学術の権威を、その形の上だけで判断してはならない。その生成のあとをかえりみれば、その根は常に人々の生活の中にあった。学術が大きな力たりうるのはそのためであって、生活をはなれた学術は、どこにもない。

開かれた社会といわれる現代にとって、これはまったく自明である。生活と学術との間に、もし距離があるとすれば、何をおいてもこれを埋めねばならない。もしこの距離が形の上の迷信からきているとすれば、その迷信をうち破らねばならぬ。

学術文庫は、内外の迷信を打破し、学術のために新しい天地をひらく意図をもって生まれた。文庫という小さい形と、学術という壮大な城とが、完全に両立するためには、なおいくらかの時を必要とするであろう。しかし、学術をポケットにした社会が、人間の生活にとってより豊かな社会であることは、たしかである。そうした社会の実現のために、文庫の世界に新しいジャンルを加えることができれば幸いである。

一九七六年六月

野間省一